高中物理
教学实践与感悟

陈金球 / 主编

辽宁大学出版社
Liaoning University Press

图书在版编目（CIP）数据

高中物理教学实践与感悟/陈金球主编. —沈阳：
辽宁大学出版社，2021.11
（名师名校名校长书系）
ISBN 978-7-5698-0451-5

Ⅰ.①高… Ⅱ.①陈… Ⅲ.①中学物理课－教学研究
－高中 Ⅳ.①G633.72

中国版本图书馆 CIP 数据核字（2021）第 143239 号

高中物理教学实践与感悟
GAOZHONG WULI JIAOXUE SHIJIAN YU GANWU

出 版 者：辽宁大学出版社有限责任公司
　　　　　（地址：沈阳市皇姑区崇山中路 66 号 邮政编码：110036）
印 刷 者：北京米乐印刷有限公司
发 行 者：辽宁大学出版社有限责任公司
幅面尺寸：170mm×240mm
印 张：13
字 数：220 千字
出版时间：2022 年 4 月第 1 版
印刷时间：2022 年 4 月第 1 次印刷
责任编辑：李珊珊
封面设计：徐澄玥
责任校对：于盈盈

书 号：ISBN 978-7-5698-0451-5
定 价：45.00 元

联系电话：024-86864613
邮购热线：024-86830665
网 址：http://press.lnu.edu.cn
电子邮件：lnupress@vip.163.com

编 委 会

前 言
FOREWORD

"判天地之美，析万物之理。"庄子的年代，虽然没有物理这个概念，但这句话却好像是专为物理而说的，存想天地的美妙，通达万物的道理是对物理的高度概括。首先，物理是美的。由历代物理学家所精心雕琢的物理"大厦"，可谓是一座辉煌壮丽的科学殿堂，以概念、定理、公式、理论的方式显示出来，集各种形式美、内容美于一体，不仅给人们提供了对物质世界规律性的认识，同时也把一种赏心悦目的美景奉献给了人类。其次，物理对人类社会发展的贡献是巨大的。物理学是一门自然科学，其研究范围非常广泛，大到宇宙，小到夸克，纵跨历史长河，涉及社会发展的方方面面，是一台推动人类文明进步的永不停息的发动机。对人的成长而言，物理学习，对提升科学素养，提高思维品质，树立正确的世界观、人生观、价值观有着不可替代的作用。当然，学好物理也不是件容易的事情。物理难学是学生的普遍反映，物理难教也是很多教师的感叹。作为高中物理教师——物理学的基层传播者，让更多的中学物理教师做好物理学的传承与发展是我们的心愿；使更多的人热爱物理、学好物理、用好物理是我们的追求。为此，广东省陈金球名师工作室的全体成员，把多年来在高中物理教学实践中的体会与感悟奉献给各位读者，希望本书的出版能给大家带来帮助。

陈金球

2020 年 9 月 26 日

目 录
CONTENTS

前 言 ………………………………………………………………… 1

上 篇　工作室主持人成果集 ……………………………… 1

成长感悟 …………………………………………………………… 2

初为人师之窘 …………………………………………………… 2

成长的关键环节 ………………………………………………… 6

影响较大的助我成长之教育教学理论 ……………………… 13

在物理教学中如何提高学生的发散思维和聚合思维能力 ……… 18

教研感悟 …………………………………………………………… 26

促进山区教师专业发展的探索与实践 ……………………… 26

合理拆并，使物理综合题化繁为简 ………………………… 31

巧用习题反思　提高学习效能 ……………………………… 38

《利用"三网融合"平台构建优质教师资源共享机制的研究》

结题报告 …………………………………………………… 44

课改感悟 …………………………………………………………… 56

树立新理念　走进新课改 …………………………………… 56

云浮市普通高中新课程实验总结 …………………………… 61

云浮市基础教育课程教材教学改革发展研究报告 ………… 72

云浮市教学常规管理 ………………………………………… 98

对减轻学生过重课业负担的思考 …………………………… 106

本地学科教学情况分析 ……………………………………… 109

备考感悟 ·· 113

比较视野下高考物理全国卷备考研究 ·········· 113

高考备考物理学科应着重抓什么？ ············ 123

高三毕业班教学质量提升的有效做法　126

关于"小综合"备考的一些思考 ·············· 130

谈在特色课程教材体系下高考物理学科备考策略 ······ 135

平而不淡　稳中求变 ·························· 140

高考备考策略 ································ 145

第二轮复习之管见 ···························· 149

给备考学生的赠言 ···························· 152

下 篇　工作室成员成果集 ················· 155

三招让高中物理实验活起来 ·················· 156

信息技术环境下物理科学探究教学实施的问题与思考 ······ 159

全国卷高考物理命题研究引发的广东高中物理教学反思 ······ 168

论类比法在物理教学中的应用 ················ 172

试论基于核心素养的高中物理课堂教学 ········ 177

以演示实验引领学生的深度学习 ·············· 180

基于深度学习的物理观念培养 ················ 183

力学中动态平衡问题的探讨 ·················· 186

指向学科核心素养的高中物理深度教学策略 ········ 191

上 篇
工作室主持人成果集

　　本书主编是广东省陈金球名师工作室主持人，广东省特级教师，其历经市重点中学教师、科组长、地市教研员、地市教研室主任等岗位的锻炼。本成果集既反映了工作室主持人的成长历程，又记录了其在不同工作岗位上，对青年教师成长、教研、课程改革、高考备考等工作的实践、思考与感悟，希望能带给读者有益的启发。

初为人师之窘

1985 年 7 月，我从华南师范大学毕业，被分配到罗定中学任教。罗定中学创办于 1911 年，学校历史悠久，曾被命名为广东省立第八中学，是当地有较大影响力的重点中学。和所有新老师一样，我带着那份刚踏上工作岗位的年轻人所特有的热情与憧憬，怀着对学校及教师职业崇敬的心情，满怀信心地走上讲坛，希望能成为学生心目中最好的老师。但正式工作后，我发觉教师这个"阳光下最灿烂的职业"并不好做，自己的职业能力与自己的职业预期有着巨大的差距；备课、上课等教师的基本工作，真正做起来的时候，并不容易，更难做好。

一、备课难

备课是课堂教学的起点和基础，是决定课堂教学质量高低的重要一环。要备好课，起码要在备教材、备学生、备方法三方面备充分。但对一位新教师来说，做好这"三备"并不容易。

首先是备教材不容易。钻研教材、教学大纲、教学参考书等教学资料是备课的前期基本工作，通过钻研相关教学资料把课程内容所涉及的基本理论、基本概念理解准确、透彻，重要公式及其推导过程清楚熟练；掌握教材知识体系的内在结构和思维逻辑关系，明确所讲授课程的结构体系、知识点之间的内在关系，对教材的全部内容融会贯通，掌握课程教学重点、难点及教学法的要求。应该说对学科知识的把握并不难，而且教材所描述的学科知识与大学所学的学科知识相比是十分简单的，但对于课程的结构体系、知识点之间的内在关系较难准确把握，不知如何对学科知识进行分解再传授给学生，在学习教学资料、思考知识传授的"度"上花的时间是较多的。同时，因为自己感觉中学知识相对来说较简单，容易忽视学生学习这些知识的困难。此外，由于自己对教材体系不够熟悉，容易把后续教学需要解决的问题提前安排，无形中提高了教学的难度。例如，讲授静摩擦力方向时，过分强调从"静摩擦力的方向与物体相对运动趋势的方向相反"的角度去理解，为加深学生的理解，还增加了传送带上运动物体的摩擦力分析、自行车前后轮的摩擦力分析等问题，忽视了在实际分析物体所受静摩擦力及其方向时，往往是从物体所受其他力和物体的运动状态来判断的事实，而这些应该是在后续的牛顿运动定律的教学中逐步加以解决的。

其次是备学生难。备课本来就是以学生的"学"为出发点，遵循其学习的内在规律，站在学习者的立场上，对整个教学活动做系统的策划，因此，备学生是备课必不可少的重要环节。但对于我这位刚到学校的新教师来说，对学生的了解和研究确实不多，对学生的知识储备、行为方式、心理特点、思维方法、困难疑惑、成长规律、生活习惯、兴趣爱好、情感渴盼、心路历程等诸多方面的研究近乎空白，更没有学生以往学习同类知识的成功经验与失败教训，无法依此来推断学生在学习中可能会出现的学习困难和问题。因此，在开始的一段时间里，备课中备学生仅是根据自己少之又少的学习经验的粗浅推断，花不少的时间去思考，但往往出现较大的偏差，教学的预见性差，学生之所想、学生之所难、学生之所疑、学生之所错、学生之所乐很难准确推断。

备人难，备方法更难。备方法本来应该考虑清楚学生的学法和教师的教法，根据学生年龄、心理和已有知识水平等学生实际情况，遵循教学大纲的要求，结合教学内容特点，设计优化课堂的教学过程，施以有效的教法，导之以高效的学法，给予学生有效的指导。但由于自己对学生的情况把握不够准确，对教材整体内容的内在联系认识不深，对教学方法的认识不够多也不够深，对课堂的调控缺乏足够的信心，不敢也不善于在课堂上激活学生的活动，引领学生进行探究学习。教法上更多的是研究自己怎么讲，研究课本知识的解读，而且认为教学内容处处都很重要，生怕有所遗漏，千头万绪，唯有直接讲解，所以教法上较多的是采用讲解的教学方法，备课中感觉备方法更难。

备课难还与工作的紧张程度有密切的关系。本来自己对教师的工作量是有预见的，但工作后发觉，教师工作的紧张程度远远超出我的个人预见。开始的第一年，我的工作安排是高一两个班的物理课兼一个班的班主任。与其他老师的工作量比较，应该说工作量并不重，但对我来说，却总感觉很忙。早上 6:30 起床，6:45—7:00 吃早餐，7:10 跟班做早操，然后到班巡查早读，接着就是上课、批改作业，了解并处理班中的事务等。下午两节正课后，第三节自习课，要到班巡查，接着是课外活动、文体活动等，班主任要到位。晚上 7:30—9:30 是学生晚自修时间，老师一般 19:00 回到办公室，接着就是巡班、辅导等。结束晚修后，一周还要抽两三个晚上，到学生宿舍查看学生作息纪律。由于新教师备课慢，白天经常备不完课，晚上备课到十一二点是经常的事，很多时候是现炒现卖，备一节上一节，缺乏整体把控与安排。

二、上课难

初为人师，虽然备课中遇到不少困难，但备课还是用功的，一切都是竭尽所能，按照自己能做到的最高标准去准备，对上课也有着不低的个人预期。然而，几节课下来，学生的课堂反应、教学的实际效果、自己的教学感觉，并未达到预期效果，甚至是非常令人失望的。

首先是学生的反应及对课堂教学的配合远未达到预期的效果。自己认为已经讲清楚的，学生却露出迷茫的眼光；自己认为学生难以把握，该认真去讲清楚的，学生却心不在焉，好像早已掌握。其实，物理学科本身具有很强的系统性，前后知识联系紧密，也具有多学科的知识综合性、彼此交叉性、互相渗透性等特点。我刚开始教学的高一物理第一章"力"，相当一部分内容是在复习初中物理的基础上，进一步拓宽、加深，引入一些新的知识。在教学中只要注意新旧知识之间的过渡和衔接，对学生在初中完全没有接触过的新知识，如力的平行四边形法则、力的合成和分解等，作为将本章的教学重点教好，就可以帮助学生比较顺利地掌握本章的新知识。同时，力是贯穿整个力学的重要概念，教师只有对后面所讲的力学规律有充分的了解，才能较好地掌握力的概念。由于自己对学生的知识基础状况及教材的结构不熟悉，学生已掌握的、本不该讲的讲了，需通过后续的学习才能深化认识的，提前讲了，所以出现了教非所需、师生配合不佳的状况。

其次是对一些知识的教学，难以进行有效的分解，重点不突出，未能使重点知识起到承上启下的作用；难点也未能进行有效的突破，对学生较难把握又必须把握的知识点，不知学生难在何处，引领学生突破的方法、措施不到位，未能有效地突破，学生课后存疑较多。

最后是教学基本功存在诸多问题。在课堂教学中，往往顾此失彼，不能充分利用相关知识，进行自然联系和补充，照本宣科，就事论事，缺乏形象性、生动性和吸引力，使得学生学习没有整体性、连贯性和区别性。课堂教学中还存在深浅度脱离学生实际、语言不生动、板书布置与设计不够合理、字体不整齐、讲课速度快慢不一、与学生的互动方式呆板等一系列问题。

成长的关键环节

一、认真进行自我分析

始为人师，就在作为教师最基本也是最重要的两项工作上出现了问题，对有较高的理想和冲劲的自己来说，无疑是当头一棒，打击确实不小。出了问题，唯有认真分析问题的根源及解决的办法才是正确的做法。虽然，刚出来工作时年纪不大，但现在回过头来看，自己确实有着与年龄不相仿的耐性与韧性，更有着现在回想起来都为自己点赞的冷静与理智。经过认真的思考分析，我明白了要解决眼前的困难，走出窘境，必须对自身教学存在的问题及出现问题的原因有清晰的认识和把握，才能更好地寻找解决途径，进而实现最大限度的改进和提高。

由于当时存在资料信息等方面的欠缺，自己思考教学问题出现的原因及解决途径时，缺乏有效的理论指导，在县图书馆和学校图书馆能找到的有用资料也不多。我只好用较笨的办法，耐心地进行发散式的梳理，从问题点出发发散，联想分析出现问题的原因，思考解决问题的办法，逐一列表梳理，形成如下的表格，然后进行尽可能细致的分析，如教学的"度"难以把握，自身的问题可能与对学情缺乏了解，对课程的结构体系、知识点之间的内在关系把握不准等因素有关。其中的因素还可以进一步细分，如对学情缺乏了解，学情又包括学生的知识经验、行为方式、心理特点、思维方法、困难疑惑、生活习惯、兴趣爱好、情感渴望、心路历程等诸多方面，在哪些方面缺乏了解——找出来。当我把所能想到的问题对应全部列出来后，然后又对相近的问题进行归类，找出存在的主要问题，并思考补救问题的办法，寻找自我提升的有效途径（表1）。

表1　自我提升有效途径明细表

问题点	缺陷点	缺陷点分解	缺陷点归类	补救途径
	缺陷点1	1.1…1.n		
问题点1	……	…		
	缺陷点n	n.1…n.n		
	缺陷点1	1.1…1.n		
……	……	…		
	缺陷点n	n.1…n.n		
	缺陷点1	1.1…1.n		
问题点n	……	…		
	缺陷点n	n.1…n.n		

分析的结果当然是罗列了一大堆的问题。但经过深入的自我分析，我得出了两点基本的认识：

（1）本人热爱本职工作，有较强的敬业意识、职业思想，人生观、价值观健康向上，学科知识也是比较扎实的，有较强的自我发展意识并肯为此付出努力。记得参加工作前，我听一位教授讲过：教师的成长期一般是6～10年，过了10年都不成熟，就犹如煮了夹生饭，后面再努力去补救，效果也会大打折扣。因此，抓好教师职业前面几年的有效发展，对自身后续的发展是十分重要的。应该说，自己的发展意识是比较强的，也是比较早的、起步较快的。我所在学校的教学环境、教师间的研究氛围也是十分不错的，学校期盼着新教师快速成长，并为此提供了力所能及的条件。这些内外都很积极的因素对我的快速成长有着十分重要的作用。

（2）自己存在的问题细分起来好像很多，但归类考虑主要有两大类：一是对教育学和心理学的把握领会与在教育教学中的结合应用问题没有解决好，如学生身心发展的知识、教与学的知识、学生评价的知识等有所欠缺，也就是缺乏条件性知识。二是缺乏实践性知识，缺乏教学实践经验的累积。例如，没有以往学生学习同类知识的成功经验与失败教训，无法依此来推断学生在学习中

7

可能会出现的学习困难和问题，对学生学习的预判能力差；不能根据课程结构、教材体系、知识点间的联系，结合学生学习实际，确定有效的教学方法，将学科知识转化成易于学生理解的表征形式传授给学生，对学生点拨不到位；课堂教学不够灵活，不能根据实际的教学情境，因人、因事、因时、因势解决实际教学中的问题和困难，教法呆板，教学顾此失彼；等等。其根源实际是缺乏教学实践，缺乏基本的教学经验，缺乏教学的整体性知识、情境性知识，更没有经过深刻反思形成的反思性知识。

有这两点基本的自我认识，自我感觉分析的结果其实并不差，甚至有点自我激励，看到自身优点的同时，在分析自身问题的时候，也认识到存在的两大主要问题是可以逐步解决的。首先，条件性知识可以结合教育教学实践进行有目的地学习，使自己对教育学和心理学理论的把握更好地与教育教学的实践结合起来，更好地指导教育教学实践，并在实践中深入把握，实现有效提高。其次，缺乏实践性知识是每位新教师都可能遇到的普遍现象。实践性知识只有在一定的教育教学场景中进行体验、感觉、反思、判断，才能建构掌握。只要自己在平时的教育教学中充分发挥个人的能动性，保持对工作的敏感性，经常进行总结和反思，注意实践性知识的获得与积累，不断积累个人实践性知识，提高自己的实践智慧也是可以预期的。

二、成长中的几点深刻体会

发现问题是解决问题的前提，只要发现问题，找到解决问题的方向，确定主攻目标，解决问题有时真的没有想象中那么难。我最初采用的是按图索骥式方法，缺什么就找什么，其基本途径无非是学习、实践、反思融合进行（图1），使三者相互促进，并无特别之处。

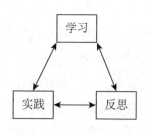

图 1　学习、实践、反思
三者之间的关系

这个过程中有四点使自己受益匪浅，体会深刻。

1. 学习、实践、反思必须融合进行

做到学思结合、学用结合，实践所学、实践所思，反思所学、反思所做，使学习、实践、反思相互促进，对自身的良性发展起到合力推进的作用。学习、

实践、反思，累积经验，再学习、实践、反思，再累积经验，不断循环积累的过程其实是教师的知识结构重组并内化学习知识的过程，是使教师获得成长与发展的有效途径。这样的积累过程，有时候即使是偶有所得，也会在个人成长中起到意想不到的效果。记得刚参加工作不久，我看过一位国内知名的物理教师在给一本书撰写的序中提到，物理教学应做到"抽象问题具体化，具体问题抽象化"，并做了极为简单的解释。初看好像并没有什么特别，但对于当时正努力探索、思考如何更有效地进行物理概念、物理规律教学，如何使习题课教学更有效等教学问题的自己来说，确实有如获至宝的感觉，这是该知名物理教师教学经验的高度浓缩，也为解决自己所思考的教学问题指明了方向。因此，我决定按照这样的思路，在抽象的物理概念、规律教学，在引导学生对具体物理现象观察、实验教学、习题教学等方面的教学中进行实践的细化操作，通过不断地实践、反思、累积，探索累积这些方面的教学经验，改善自己的教学行为。虽然，教学理论和教学手段不断更新、发展，实现两个转化的形式和路径有所不同，但两个转化的方向却是不变的，从一定意义上说，它既是物理教学的基本目标，也是物理教学的基本方法，引导着自己在物理教学中的方向和路径，对自己物理教学的指导意义是很大的。通过不断地实践思考，我对"抽象问题"如何"具体化"，"具体问题"如何"抽象化"有了进一步的认识，操作的方法路径越来越宽阔，教学更为有效。

2. 坚持不断优化的教学追求

刚参加工作时，学校教师青黄不接，学校迫切希望年轻教师快速成长，因而花大力气进行青年教师培养。当时，学校有一个不成文的规定，刚参加工作的教师都从起始年级教起，且采取两年进一级的方法安排教学，以便青年教师对各年级的课程都有一个再熟识并进行反思再教学的过程，积累教学经验，并且学校给每位年轻教师都安排了一名教学经验丰富的教师做指导。当时，学校给我安排的指导教师是一名退休返聘的老先生，他经验丰富，在本地很有名气，但不善言辞，很少表扬或批评人，对我开始时糟糕的上课表现也没有什么反应，只是淡淡地安慰我说："我刚出来工作时上的课比你还差。"老先生对我上课时存在的一些问题也只是用"假如怎样处理，你觉得会怎样？"等问题的形式，引导我思考改进。但对一件事他十分重视且有点苛刻，那就是要求我每节课后都要写教学反思材料（当时他说的是体会），直接写在备课本上，主要写教学不足及改进方向，当然，也可以写教学的亮点、学生的反应、其他的体会等，可长可短，可以不太规范流畅，甚至一两句简单的反思都可以，但态度必须认真，希望我不要开不写的先例，每次上课都要体现对上节课反思后的改进，每周对反思做一个小结（简单梳理也可以），要经常翻看自己的教学反思。这是他要求我必做且没有商量余地的任务。怯于师傅的威望，碍于师徒的面子，也为了应付他平日的检查，我带着怀疑的态度，有时甚至有点应付的心理坚持了下来。经过一段时间的坚持，我发现自身的教学问题多了，但解决问题的思路灵活了，解决问题的能力提高了，自身存在的很多教学问题逐步解决了，对一些教育教学问题慢慢有了自己较为独特的看法，自己的教育教学行为有了大大改善。两年后我担任高二年级的教学工作，虽然是第一次上高二年级的课，自己的身份也仍然是青年教师，但处理教学问题的能力已大有改观，从学校每学期一次向学生征求教师教学意见的反馈情况，以及当时每学期期末进行的全市统考成绩来看，自己均获得了不错的评价，取得了很好的教学成绩。

我在后续的学习中接触了一位著名心理学家的研究成果：决定伟大水平和一般水平的关键因素，既不是天赋，也不是经验，而是"刻意练习"的程度。刻意练习是指为了提高绩效而被刻意设计出来的练习，它要求一个人离开自己熟悉和舒适的环境，不断地依据方法去练习和提高。实践表明，不断地发现能力的不足，并且不断以自己不舒服的方式挑战并努力练习改进，是教师快速提高自己教学水平的最有效途径，这也是为什么有的教师教了 10 年书却显得不怎么成熟，有的教师只工作两年却显得老到。有的教师虽然教了 10 年书，但其大部分时间都在无意识地重复自己已经做过的备课、上课等事情，真正刻意练习的时间可能连 10 小时都不到；有的教师虽然只教了两年书，但其每天花费大量的时间做刻意练习，不断挑战自己完成任务水平的极限，用于刻意练习的时间可能有 1000 小时。表面上看是 10 年和 2 年的差距，实际上是 10 小时和 1000 小时的差距——真正决定水平高低的并不是工作时间，而是真正用于刻意练习的时间。同时，不断地做刻意练习，坚持不断优化的教学追求还有一个好处，那就是克服教师发展的"高原现象"，冲破发展瓶颈，迈上事业新的高峰。教师经过 10 年左右的发展，积累了一定的工作经验，也取得了一些工作成绩后，已经可以满足职位的基本要求，但往往会出现难以突破现有教学现状的现象。其实，这主要是由于在主、客观等多重因素作用下，教师不知不觉地走进了"舒适区"——做能力范围内的事情，按部就班地按"自动完成模式"工作而产生的必然结果。而刻意练习就是想办法更多地让自己停留在"学习区"——稍微高出能力范围，想办法寻找难度高、有水平的工作，或者使用自己仍然不熟练的技巧，不断反思总结自身的不足并加以克服，坚持不断改进优化。这是进一步提高教学能力的必要条件和重要途径，唯有如此，教师才能更好地克服发展中的"高原现象"，顺利进入"成熟阶段"。

3. 大力做好隐性教学知识显性化工作

人类知识系统中存在两大知识系统，即显性知识系统和隐性知识系统。所谓显性知识是指能够被人类以一定的符号系统（文字、语言、公式、图表等诸种符号形式）加以完整表述的知识；所谓隐性知识是指尚未或难以规范表达的知识。显性知识和隐性知识犹如"冰山"水上、水下的两个部分。隐性知识是隐藏在水中看不见的大部分，所有显性知识都植根于隐性知识。显性知识的理解、应用和增长都依赖于隐性知识，而显性知识是获得隐性知识的基础，隐性知识是在大量显性知识的基础上实践、感悟、内化而形成的。因此，显性知识和隐性知识是相互依存、相互促进的。对于教师来说，教育教学经验很大一部分是处于隐性状态的教师专业知识。隐性教学知识显性化是指将隐性教学知识转化为显性教学知识的过程，它是将教师已形成的隐性教学知识进行梳理分析，使其逐步清晰化、条理化、符号化，进而形成以文字、语言、图表等形式显性化表达的过程。隐性知识的教学内容包括对教学内容的隐性知识、教授和学习行为的隐性知识、师生及学生交往的隐性知识、个人或集体合作的实践性知识、理论学习的个人感悟、教学反省的经验总结、教育教学研究的体验和感悟等教学隐性知识实施显性化操作。当然，教师所处的发展阶段不同，侧重点也有所不同。处于学习模仿阶段的年轻教师，以对他人教学行为的观察学习及反思体悟、教学内容的隐性化知识、理论学习的个人感悟等显性化为主；处在探索突破阶段的教师，主要以总结完善自身教学行为，进行创造性的探索，形成自己教学特色，争取在教育教学理论上有所建树为主。无论教师处于什么发展阶段，做好隐性教学知识显性化工作都是使自身专业得到发展的有效途径。首先，它能使教师处于不断学习提高的状态。认识到隐性知识的存在及其对教学实践的价值，注意对隐性知识的洞察与学习，在教学实践中考虑隐性知识的应用，并努力提炼使其显性化，可以促进知识的内化，优化自身的认知结构，对教师的专业发展起着十分重要的作用。其次，引领教师走向更为正确的创新发展轨道。在隐性知识显性化的历程中，教师必然要经历收集、领悟、内省、对比和取舍等过程，并在实践中反复检验，再进行推理、分析、分类和重组，进而形成以一定的符号系统加以完整表述的新知识。这样的知识转化过程必然产生知识的组合效应，并使教师自身的隐性知识向正确的方向修正和重建，引领教师走向更为正确的教研轨道，并不断创新发展。最后，有利于教师教学知识的累积和共享。隐性知识有时就像人的灵感一样，是瞬间产生的富有创造性的突发思维，虽然很重要，但如果不注意及时整理记录也是会很快被遗忘的，因此及时使其显性化很有必要。同时，注意对隐性知识的洞察与学习、挖掘与利用，形成对有价值的教学经验和知识的积累，是促进教师个人专业成长的关键，也便于教师之间的交流与共享，形成教师间相互促进、共同提高的良性局面。

4. 贵在坚持、难在坚持、成在坚持

有人说，一辈子都在学习，一辈子都在思考，这是名师与普通教师的区别。客观地说，优秀教师是需要一定的天赋的，但其成长更是需要累积的，而且教师的发展、提高是永无止境的。因此，无论教师的个人天赋如何，学习、实践、反思、累积，循环往复，螺旋式上升是教师发展的基本途径，其过程是漫长的。有人提出，要成为某个领域的专家，一般需要在该领域工作探索 10000 小时，如果每天工作 4 小时，一周工作 5 天，那么成为一个领域的专家大概需要 10 年时间，这就是所谓的一万小时定律。问题是对同样工作了 10 年的人来说，为什么有人成了大师、专家，而有人却不能呢？在这个漫长的过程中，能否坚持持续进行工作探索起着很关键的作用，肯花 10000 小时甚至更多的时间来训练和学习积累，是其成功的关键。教师的成长何尝不是如此呢？无数事实证明，一个智力正常的人，有这 10000 小时的苦练打底，即使成不了大师、巨匠，至少也会成为本行业的一个具有丰富经验的行家里手，一个对社会有用的人。因此，教师的成长贵在坚持、难在坚持、成在坚持。

影响较大的助我成长之教育教学理论

在成长过程中，我学习了一系列的教学理论和他人的教学经验，这些理论和经验有些已找不到出处，有些在我的记忆中只剩下精练的片语，但在我的教学航程中，起着指路明灯的作用，引领着我在正确的航道上前行。下面仅摘录一些对我成长影响较大的教学理论和经验进行分享。

一、第斯多惠理论

德国教育家第斯多惠说，如果使学生习惯于简单地接受或被动地工作，任何方法都是坏的，如果能激发学生的主动性，任何方法都是好的。

学生是课堂教学的主体，课堂教学的效益在于学生学到多少，而学生学到多少取决于学生参与课堂教学的热情和主动性。只有学生积极主动地参与学习，充分地思考，教师的努力才能取得好的效果。在传统的教学中，教师讲、学生听，教师问、学生答，重结论，轻过程，教学方法单一，课堂气氛沉闷，学生被动地接受，显然属于"使学生习惯于简单地接受或被动地工作"，所以，"任何方法都是坏的"。正因为这样，在长期的教学实践中，我以第斯多惠的这一理论为指导，以激发学生的主动性为重要目标，进行教学设计和课堂教学，不断改进自己的教学行为，收到了良好的效果。

我认为，要激发学生的主动性，必须做到"四有"，即有动机、有能力、有氛围、有空间。有动机：增强学生的主体意识，最大限度地激发学生主动参与课堂活动的欲望；有能力：着重培养学生的学习习惯，引导学生梳理出符合自身学习特性的学习方法，提高学生的学习能力，从根本上提升学生主动学习的能力；有氛围：在教学中形成营造宽松、和谐、民主的课堂氛围，师生间、生生间相互尊重、相互接纳，鼓励学生个体之间融洽合作和平等竞争，让学生自由、自觉地参与课堂活动，努力创设和谐向上的学习环境；有空间：课堂教学中要留给学生主动参与、发挥主动性的空间，如给学生质疑的空间，给学生讨论的机会，给学生求异的空间，给学生自主探索的空间等。

如果我们能从激发学生的主动性的方面去思考并不断改进自己的教学行为，最大限度地激发学生的主动性，我们就会发现，教学氛围会更融洽，学生的主体意识会越来越强，学习活动中学生的自觉性、能动性会越来越高，学生的心智水平和学习能力会超出很多教师的估计，随之而来的是教师的教法和学生的学法越来越灵活，教和学都更为轻松而有效，教学相长得以实现，真正实现第斯多惠的"任何方法都是好的"。

二、维果茨基"最近发展区"理论

为改进教学行为，提高教学实效，我曾在书店和图书馆苦苦寻找相关的教学理论和经验（在信息相对封闭的30多年前，这算是较好的途径了）。有一天，我看到了一句对自己很有启发的话：只有高于学生认知水平的教学才可能是有效的教学。也就是说，教学只有高于学生的认知水平，才可能对学生有效。以此标准衡量自己的教学，我发现课堂教学中的很多话是可以不讲的，很多原来认为需要呈现的环节和教学内容是可以省去的。我在之后的教学中删去此类烦冗的内容，课堂教学的效率得到了很大的提高。

在后来的学习中，我接触到苏联教育家维果茨基提出来的"最近发展区"理论，对如何把握教学的"度"有了进一步的认识。维果茨基的研究表明，教育对儿童的发展能起到主导作用和促进作用，但需要确定儿童发展的两种水平：一种是已经达到的发展水平；另一种是儿童可能达到的发展水平，表现为"儿童还不能独立地完成任务，但在成人的帮助下，在集体活动中，通过模仿，却能够完成这些任务"。这两种水平之间的距离就是"最近发展区"。按照"最近发展区"的教学理论，"教学应当走在发展的前面"。对教育过程而言，重要的不是着眼于学生现在已经完成的发展过程，而是关注学生那些正处于形成的状态或正在发展的过程。教学决定着学生智力的发展，只有走在学生发展前面的教学才可能是良好的教学。"教学创造着最近发展区"，教学只有从这两种水平的个体差异出发，把"最近发展区"转化为现有发展水平，并不断创造出更高水平的"最近发展区"，才能更有效地促进学生的发展。

用"最近发展区"理论指导教学实践，教师不能仅仅依据学生的实际发展水平来进行教育，而应该超前于发展并引导发展，了解学生的潜在发展水平，寻找其"最近发展区"，把教学设置在现有水平之上与"跳起来能够得着"之间，引导学生向着潜在的、最高的水平发展。同时，教师要更加注重对学生的主观能动性的培养，以及对学生潜力的发掘，鼓励学生主动地去解决问题，在解决问题中学习，在解决问题中探索，激发他们的好奇心，引导他们对问题的深层理解，通过解决问题，使学生建构起对知识的理解，从而大大提高教学的实效性，让师生耗费最少的必要劳动，获得最佳的效果，也就是既减负又增效，提高教学质量又不增加教学负担。

三、布卢姆掌握学习理论

我是在 1986 年布卢姆来华讲学后开始关注其教育理论，并逐步进行学习的。在其教育目标分类学、掌握学习理论、教育评价理论和课程开发理论等主要的理论体系中，对我启发最大的是掌握学习理论。所谓掌握学习，就是在"所有学生都能学好"的思想指导下，以集体教学（班级授课）为基础，辅之以经常、及时的反馈，为学生提供所需的个别化帮助以及额外学习时间，从而使大多数学生达到课程目标所规定的掌握标准。其主旨是提倡教学要面向全体学生，认为只要提供足够的学习时间和适当的帮助，充分发挥学生的学习潜力和学习积极性，95% 以上的学生都能掌握所规定的知识和技能，取得优良的学习成绩。为实现这样的目标，布卢姆还制定了在教学中运用掌握学习理论的具体方法和步骤。

布卢姆来华讲学时期正是我国精英教育盛行、应试教育较为突出的时期。我所在的县当时有近百万人口，但却只有一所重点中学，高中每年招 6 个教学班约 300 名新生，而每年的初中毕业生有近 3 万人，能进入重点中学的，可以说都是百里选一的好学生，应该是可以"人人成才"的。但学生进入学校后，要分快、中、慢班，班中还分上、中、下层学生，学校、教师均把主要的资源及精力放在尖子生及有希望升入大学的"希望生"身上。作为一名年轻教师，我对这种做法满是怀疑，但又不知该怎么改变。就在这时，我接触了布卢姆的掌握学习理论。当时学校和教师的做法不正类似于布卢姆所说的做法吗？大多数教师设想他们的学生只有三分之一能胜任学习，另外三分之一将不及格或刚刚及格，余下的三分之一则处于中间。而这些做法也正是布卢姆所说的"是当今教育系统中最浪费、最具有破坏性的一面。它压抑了师生的抱负水平，也削弱了学生的学习动机"。布卢姆认为，学生的学习能力不是天生的、固定不变的，而是后天形成的，是可以改变的；学生学习能力的差异并不像人们想象的那么大，是可以通过有效的措施得到弥补的；学生之间存在个体差异，主要原因在于学生先前的学习水平和他所受教育质量的差异，只要在这两方面进行改善，就可以大大缩小学生之间的差异，提高学习水平和学习效率。布卢姆认为，只要给予学生足够的学习时间，并且找到帮助每个学生的方法，那么，至少在理论上说，所有学生都能掌握课程中的知识。

布卢姆的这些理论给我最大的帮助是使我树立了新的学生观，坚定了"人人都能学好"的信心，使我在做法上更注重面向全体学生，关注每位学生的成长。虽然，在操作上我并未完全按布卢姆制定的掌握学习理论的具体方法和步骤进行，但我努力尝试"找到帮助每个学生的方法"，有针对性地加强对不同类别学生的学习指导，根据学生在形成性测试中的情况给予其矫正性的帮助等。在这种努力实践的过程中，我养成了时刻关注学生的学习，及时掌握学生的学习情况，力争能对学生进行及时、到位的指导；同时，逐步提升了自己"帮助每个学生"的能力，教学行为和教学业绩得到了较大改善，成为较受学生欢迎的老师。

四、物理教学应做好两个转化：抽象问题具体化，具体问题抽象化

抽象问题具体化是指学习了抽象的物理学规律后，要及时应用该规律解决具体的问题，让学生懂得该规律如何使用，熟悉规律的使用条件、适用范围、使用中的注意事项等，达到学以致用的目的，并在运用知识解决具体问题的过程中，优化学生的认知结构，提高学生的知识应用能力。具体问题抽象化对中学教学而言，主要包含两项内容：一是从具体物理现象的观察和实验中，通过科学的分析和抽象，归纳得到规律性的认识，综合形成本质抽象；二是运用物

理知识解决具体物理问题后，抽象出规律性的总结，以活跃学生的思维，让学生能举一反三，做一题懂一类。

物理学是一门实验和科学思维相结合，具有严密的理论科学体系，并带有方法论的科学，基本概念、基本规律和基本方法构成了物理学科的基本结构。物理学在长期的发展过程中形成了一整套研究问题和解决问题的方法。实验是物理学的基础，科学思维是物理学科的生命，概念的形成、规律的把握、知识的应用、能力的提升，往往都需要经历抽象问题具体化、具体问题抽象化的过程，才能较好地得以实现。例如，牛顿第二定律的教学，就在进行了加速度与力、质量的定量关系实验探究，实验数据科学分析的基础上，归纳抽象出牛顿第二定律的，实际上是经历了一次具体问题抽象化的过程。学生学习了牛顿第二定律后，再进行牛顿第二定律应用的教学，学生应用牛顿第二定律解决物理的具体问题，并在解决具体问题的过程中，获得一定的应用体会后，梳理抽象出应用牛顿第二定律解决物理问题的规律、程序等经验性的知识。对牛顿第二定律的应用，至少有三点规律是应该梳理清楚的。一是动力学问题的类别，可分为三个类别，即已知运动，求受力；已知受力，求运动；已知部分受力和部分运动情况，求未知的受力和未知的运动参量。二是物体受力情况和运动情况的关系（图1）。三是应用牛顿第二定律解决物理问题的基本程序。从图1中可以看到，无论三类问题的哪一类，都是以加速度为纽带联系已知和求解的问题的，基本的解题程序可概括为：①确定研究对象；②进行受力情况分析；③进行运动情况分析；④建立坐标系；⑤列方程；⑥解答；⑦进行验证。上述过程进行了知识的学习把握、具体应用、解题规律归纳梳理，实际上是经历了一次抽象问题具体化、具体问题抽象化的完整过程。这一过程的实际效果直接决定着学生知识的把握程度及运用知识能力的高低，左右着学生思维品质的形成。"抽象问题具体化，具体问题抽象化"，这句简单而蕴含丰富内涵的话既是对这位名师教学经验的高度概括，也十分符合物理学科的特点。从一定的意义上说，它既是物理教学的基本目标，也是物理教学的基本方法。

图1　受力情况和运动情况的关系

在物理教学中如何提高学生的 发散思维和聚合思维能力

"创新是一个民族进步的灵魂，是国家兴旺发达的不竭动力。"教学中树立创新意识，培养创新精神，开发创新思维，使学生初步掌握创新技能技法，从而提高其创新素质，为培养创新型人才打下良好基础，是时代赋予基础教育的重要职责。提高学生的发散思维和聚合思维能力，正是提高学生创新思维品质的重要方法。

发散思维又称求异思维、辐射思维等，它是从一个思维基点出发以探求多种不同答案的思维过程和方法。思维方向分散于不同方向，沿着各个不同方向去进行思考，使人的思维趋向于灵活，富于创造性。发散思维法可用图 1 表示。

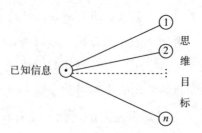

图 1　发散思维法相关图示

图 1 表示由一个思维基点出发，从不同方向进行思考，得出多种思路，想出多种可能；它的思维目标是多侧面、多角度、多方位的。

聚合思维又称集中思维、辐合式思维等，它是从不同来源、不同材料、不同方向探求一个正确答案的思维过程和方法。聚合思维法可用图 2 表示。

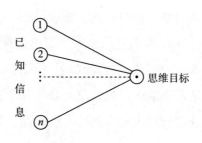

图 2　聚合思维法相关图示

图 2 表示使多种已知信息集中指向某个思维目标，它把辐射性思维牵引回来，向着某一思维目标发起多侧面、多方位、多层次的攻势，通过去粗取精、去伪存真而使思考范围慢慢缩小，逐步清晰，本质渐渐显露，最后探索出事物形成的原因或结果。

虽然发散思维与聚合思维是两种不同方向、不同作用的思维方法，但在实际思维过程中，发散思维和聚合思维往往结合运用，并互相补充。它的思维过程可用图 3 表示。

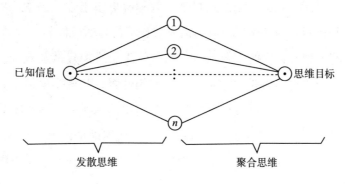

图 3　思维过程

图 3 表示人们在解决某个问题时，开始都有一个思维基点，然后经过发散、联想，得出多种新解释、新方法，这是一个发散过程，当然这只是为解决问题提供多种可能。对这些新解释、新方法进行整理、筛选，得出一个正确的思维结果，这个过程就要运用聚合思维了。

在物理学中，任何创造性活动都要经过从发散思维到聚合思维，再从聚合思维到发散思维，多次循环的过程，直到问题被解决，这就是物理创造性思维的基本方式。解决中学物理问题的思维过程基本上就是思维的发散再聚合的过程，人们根据问题的物理对象、物理状态、物理过程，进行分析判断，引申推导，将思维发散出去，从不同方向进行思考，得出多种思路，想出多种可能，再从中筛选出一个最佳的解决方法，进行列式、计算、论证，直至得出正确结论。因此，发散思维与聚合思维在解决物理问题中有着重要的作用，教师在物理教学中必须重视学生这两种思维能力的培养、提高。我认为可通过以下途径进行培养提高。

1. 培育勇于创新、积极探求的教学氛围

首先，在课堂教学中，教师要大力营造师生民主平等的氛围，培养学生的主体意识，突出学生的主体地位；教学方法上，突出双向性、参与性、互动性，调动学生自主参与的积极性，让学生敢于、善于提出问题、思考问题，探讨解决问题的方法，为提高学生的思维能力提供良好的环境。

其次，要注意为学生创设思考的时间和空间。课堂教学中，教师的作用主要表现为有效地对学生的学习活动进行诱导和评价，其着眼点是"学要主动"。所以，在教学设计、教学方法的选择上，教师应着眼于学生的学，为学生创设思考的时间和空间，为学生思维能力的发展创造良好的条件。

最后，充分利用物理的学科特点，引导学生思维的发散和聚合。物理是一门以实验为基础的自然科学，逻辑严密，实用性强，与现实生活联系紧密。教师应充分利用这些特点，创设问题情境，如利用演示实验、学生实验创设问题情境，利用现实生活中的事情创设问题情境，利用虚拟问题创设问题情境等，引导学生寻求解决问题的方法，培养学生的学习兴趣，开发学生思维活动的内容，培养学生发散思维和聚合思维能力。

2. 在概念和规律的教学中注重发散思维和聚合思维能力的培养

物理概念和物理规律是高中物理基础知识最重要的内容，使学生掌握基本的物理概念、物理规律，并从中得到升华，是高中物理教学的核心。物理概念和物理规律的教学，往往需要经历概念的建立和规律的形成、概念和规律的理解与运用、概念和规律的整理及升华三个阶段。教师要充分利用这三个阶段的不同教学特点，有意识地对学生进行发散思维和聚合思维能力的培养。

概念的建立和规律形成的教学一般都要通过对一定的物理现象和物理事实的感知活动，为学生提供认识的基础；通过观察实验、分析推理等提供科学依据；通过归纳概括、科学抽象，突出本质的过程。这些虽然基本是让学生沿着前人思维活动的足迹去重演知识的产生与发展过程，但其中含有丰富的物理思维方法，教师要引导学生自己观察、分析、判断、推理，对概念和规律的建立过程、研究问题的科学方法进行深入的了解，"临摹"前人经典的思维活动，从而把概念和规律的教学作为帮助学生认识事物本质、训练思维能力、掌握学习方法的过程。

在概念和规律的理解与运用的教学中，我认为，理解和运用是相互促进的，理解是运用的基础，运用反过来会加深学生对知识的理解。为此，要做好"两化"，即"抽象的问题具体化，具体的问题抽象化"。所谓"抽象的问题具体化"，就是教了抽象的概念和规律，教师要通过应用这些概念和规律去分析解决具体的问题，让学生明白所学的概念和规律是怎样运用的。所谓"具体的问题抽象化"，就是在解决了具体的问题后，教师要引导学生总结，概括出解决这类问题的方法、规律，以便举一反三。理解和运用有机结合的教学让学生掌握概念和规律的精髓，多层次、多角度地扩展知识，深入透彻地理解知识，同时，有效地提高学生应用所学知识分析解决问题的能力。

教师要重视概念和规律的整理及升华，引导学生整理所学概念和规律的内涵、外延，应用中总结的推论等，理清与相关知识的联系和区别，把它们融入自身的认知体系，优化自己的认知结构，提高自己的思维品质。

3. 在实验教学中进行发散思维和聚合思维能力的培养

实验是物理的基础，也是物理教学的特点，中学物理实验一项重要的功能就是培养学生的思维能力，特别是发散思维能力和聚合思维能力。

（1）在演示实验中进行发散思维和聚合思维能力的培养。演示实验就是教师创设必要条件将自然现象及其变化规律等再现出来。这是物理教学中将理论与实际相结合的重要方法，是提高学生学习兴趣、启发学生积极思维的重要手段。因此，演示实验的重点在于观察与思考。教师在做演示实验时，要设置一定的问题情境，让学生尽可能地参与到实验中来，诱发学生思考，让学生明白要做什么，做的目的是什么和怎么做等问题，进而清楚要看什么，并从看到的现象中分析为什么，或者说明了什么，从而诱发学生思维的发散和聚合。

例如，在"物体内能的变化"的演示实验中，压缩厚玻璃筒中的空气，使空气内能增加，温度升高，从而使筒内易燃物起火，可先不加易燃物，压缩筒内空气，问学生：筒内空气内能是否增加？你怎样检验其内能是否增加？在做完压缩厚玻璃筒中的空气使筒内易燃物起火的实验后，问学生：筒内易燃物为什么会起火？说明了什么问题？是什么原因使筒内空气的内能增加？又说明了什么问题？顺着这样的思路展开实验教学，不仅能使学生主动参与到实验中来，对实验所揭示的结论和实验的设计思想留下深刻的印象，而且在分析与解决问题的过程中，能诱发学生的思维不断进行发散和聚合，使学生发散思维和聚合思维能力得到培养、提高。

（2）在分组实验中进行发散思维和聚合思维能力的培养。在物理实验教学中进行创新能力培养是培养高素质人才的有效途径，因此，教师要重视实验设计、实验操作、实验改进，并适当开展探索性实验。在分组实验中，教师应创造条件，让学生根据实验目的，正确地选择和使用实验仪器，合理安排实验步骤，让学生规范完成实验操作和实验任务，并初步掌握排除实验故障的方法，初步学会分析实验误差及其产生的原因，写出完整的实验报告。

在完成课程规定的实验后，教师可结合学生实际，适当设置一些扩充性实验。例如，完成了"测定金属的电阻率"实验后，要求学生思考：在电流或电压表只有一种（可以多个）及电流或电压表只有一个，而电阻箱、滑动变阻器等器件充足的情况下，能否测量未知电阻的阻值？怎样测？如果有一个电流或电压表是知道阻值的，又可以怎样测量？学校应开放实验室，让学生自行设计探索，并将学生中好的设计方案在课堂上交流，让大家一起分享、学习。

教师通过这些让学生构想实验方法，控制实验条件，排除干扰因素，在实验中测量数据，获取信息、交流信息、处理信息，寻找和发现规律或验证规律，充分通过发散思维去寻找实验方案，运用聚合思维从众多方案中选出可行方案，让学生反复锻炼、相互学习交流，不仅扩充了学生的知识面，加深了学生对知识的理解与把握，而且让学生在实验中尝试使用并逐步掌握比较法、替代法、控制法等多种思维方法，提高学生分析与处理实际问题的能力，使学生以后在分析处理问题时，思维的发散有更多的途径，思维的聚合更有目的，从而使其发散思维和聚合思维能力得到有效的提高。

4. 在练、评中进行发散思维和聚合思维能力的培养

通过一些题目对学生进行适当的训练，并就题目及训练情况进行有目的的评讲，是中学物理教学的一种重要形式，也是加深学生对知识的理解与把握，培养学生思维，提高学生分析处理问题能力的有效途径。当然，培养学生的思维能力无疑是核心，其中教师尤其要注重学生发散思维和聚合思维能力的培养。为此，练、评中特别要做好以下三项工作：

一是提升学生的认知水平，优化学生的认知结构。知识是方法的载体，知识把握不好，方法就会成为无源之水。因此，教师要通过知识运用的练、评过程，提升学生的认知水平，让学生进一步掌握知识的精髓，多层次、多角度地扩充知识、理解知识，使新旧知识进一步融合，优化学生的认知结构，为学生掌握方法、提高能力提供有力的支撑。

二是引导学生掌握基本方法，加强思维能力的培养。方法是知识的源泉，教师要通过知识运用的练、评过程，有目的地引导学生掌握中学物理问题的基本分析方法、分析物理问题的基本思维方法，使学生有更多的途径、更多的方法及更有依据地进行思维发散；同时，也使学生更有目的、更有序地进行思维聚合。

中学物理问题的基本分析方法很多，但最重要的是建立科学的物理模型及对物理模型进行正确的分析。物理模型分析中基本途径大体可表达为物理对象—物理状态—物理过程—方程、方案，即通过对题目的分析，弄清题目研究的物理对象，物理对象的初末状态（用参量反映），物理对象从初态到末态的物理过程，遵循的物理规律，根据物理规律列方程解决或寻找解决的方案。对物理对象及物理过程的分析往往采用隔离分析法与整体分析法，处理好隔离分析法与整体分析法的关系，按上述途径分析，一般就可以找出解题的方法。

分析物理问题的基本思维方法包括系统思维法、逆向思维法、等效思维法、类比思维法、对称思维法、极限思维法、守恒思维法等。教师要通过练、评的过程逐步让学生掌握这些思维方法，而且提倡学生勇于突破常规思维：当用常规思维很难甚至无法解决问题时，应当转移思维方法，勇于突破常规思维，探求新的解题办法。

例 一颗子弹以一定的初速度水平射击固定在水平面上依次紧靠的三个木

块。若子弹恰能击穿三个木块且击穿每一木块所用时间相等，则三个木块的厚度之比为多大（设三个木块对子弹的阻力相等）？

这道题如果顺着子弹的运动方向，按匀减速直线运动列方程求解，稍显烦琐。若我们突破常规，将子弹的运动反过来进行考虑，子弹的运动则成为初速为零的匀加速直线运动，从开始运动起，在连续相等的时间间隔内所通过的位移比为 $1:3:5$，由此可推知题中三个木块的厚度之比为 $5:3:1$，解题过程大为简化。

三是适当开展一题多解、一题多变、多题归一的练、评活动，活跃学生的思维。

一题多解训练就是启发和引导学生从不同的角度，用不同的思路、不同的方法和不同的运作过程去分析、解答同一道题的练习活动。通过一题多解的练习活动，学生从多角度、多途径寻求解决问题的方法，开拓解题思路，培养求异创新的发散思维，有效地避免思维定式，实现和提高思维的流畅性，同时有利于加深对概念、规律的理解。

例 在光滑的水平轨道上有两个半径都是 r 的小球 A 和 B，质量分别为 m 和 $2m$，当两球心间的距离大于 l（l 比 $2r$ 大得多）时，两球之间无相互作用力；当两球心间的距离等于或小于 l 时，两球间存在相互作用的恒定斥力 F。设 A 球从远离 B 球处以速度 v_0 沿两球连心线向原来静止的 B 球运动，如图4所示，欲使两球不接触，v_0 必须满足什么条件？

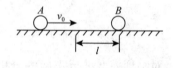

图4 例题图

（要求学生用尽可能多的方法解决）

分析：在 A、B 两球心距离 $d \leqslant l$ 时，A 球受向后恒定排斥阻力，B 球受向前恒定排斥动力，所以，A、B 球分别做匀减速和匀加速直线运动，两球不接触，则必须在速度相等时，相对位移小于两球球心之间的距离，即 $v_1 = v_2$ 时，$l + s_2 - s_1 > 2r$。

由力学知识可知，用单体隔离法考虑，A、B 球均遵循牛顿第二运动定律、动量定理、动能定理和匀变速直线运动的所有规律，所以，可列出下列式子（v_1、v_2、s_1、s_2、a_1、a_2 分别为当两球间距离最小时 A、B 两球的速度、位移、加速度，t 为这一过程的运动时间）：

对 A 球：

$$F = ma_1$$

$$v_1 = v_0 - a_1t$$

$$s_1 = v_0t - \frac{1}{2}a_1t^2$$

$$v_1{}^2 = v_0{}^2 - 2a_1s_1$$

$$s_1 = \frac{1}{2}(v_0 + v_1)t$$

$$Fs_1 = \frac{1}{2}mv_0{}^2 - \frac{1}{2}mv_1{}^2$$

$$Ft = mv_0 - mv_1$$

对 B 球：

$$F = 2ma_2$$

$$v_2 = a_2t$$

$$s_2 = \frac{1}{2}a_2t^2$$

$$v_2{}^2 = 2a_2s_2$$

$$s_2 = \frac{1}{2}v_2t$$

$$Fs_2 = mv_2{}^2$$

$$Ft = 2mv_2$$

以 A、B 两球整体系统考虑，遵循动量守恒定律和动能定理，故有

$$mv_0 = mv_1 + 2mv_2 \qquad F(s_1 - s_2) = \frac{1}{2}mv_0{}^2 - \frac{1}{2}mv_1{}^2 - mv_2{}^2$$

学生通过发散思维，列出了 16 个方程，只有 8 个未知量，肯定可以求出 v_0 必须满足的条件，而且应该有多种解法（进一步分析可知，用以上方程可以找到 28 种基本解法，在此不赘述）。教师通过这样的训练，并让学生进行充分的交流，不但加深了学生对力学主要理论的理解，而且有效开拓了学生的解题思路，提高了学生的应变能力。

一题多变训练就是通过变换习题条件、变换习题结论、变换习题问题等的训练，从而调动学生应用更多的知识、方法解决问题，使学生的思维能力随问题的不断变换、不断解决而得到不断提高，有效地增强学生思维的敏捷性和应变性，使学生的发散思维和聚合思维得到培养和发展。

多题归一则是在多个问题当中进行归类分析，抓住问题的共同本质特性，掌握解答此类问题的规律，达到触类旁通、事半功倍的教学效果，培养学生思维的类比性、聚合性。

创造性思维和创造性解决问题是发散性思维和聚合性思维有机结合的过程。发散思维和聚合思维两种思维能力的强弱标志着一个人创造力和分析判断能力的强弱。物理课堂教学中注重进行思维发散与聚合的训练，提高发散思维和聚合思维能力，是培养高素质人才的有效途径。

教研感悟

　　教研室属事业性质，是业务室。教研室的工作性质、工作职责、工作对象、工作范围决定了教研员工作的弹性，可大可小，既虚又实，亦重亦轻。大到涉及教学工作的所有范围，左右着整体的教学质量，小到教学的微小环节，毫不起眼；虚到可将其工作虚化到接近于零，没有实质性的工作，又可实到教学的方方面面，实在是做不完；重到关系教师的专业发展，进而影响民族素质的提高，小到可有可无，甚至有人提出要取消教研室。身处其中，我的态度是紧跟时势发展，牢记"集体的力量是伟大的"格言，调动集体的智慧和力量，履行教研室职责，"突出研究，强化服务，重视引领"，以"把一切平凡的事做好即不平凡，把一切简单的事做好即不简单"为自身工作理念，努力把既平凡又似简单的教研工作做好，但求即使不能尽如人意，亦要无愧我心。

促进山区教师专业发展的探索与实践

　　当前我国正在努力贯彻实施 2006 年修订的《中华人民共和国义务教育法》，促进义务教育均衡发展，实现教育公平；正大力推进素质教育，深化课程改革，提高全体学生的全面素质，办人民满意的教育。在实现教育公平、推进素质教育工作中，教师起着举足轻重的作用，加强教师队伍建设，提高教师队伍的整体素质无疑是核心工作。但由于种种原因，优质教师资源过分集中，教师队伍的整体素质目前还难以适应教育发展的需要，这是我国教育，尤其是经济欠发达地区教育的一大难题。为破解这一难题，我主持广东省中小学教学研究"十一五"补充规划课题《利用"三网融合"平台构建优质教师资源共享机制的研究》，进行了专项研究，下面仅从促进山区教师专业发展方面，阐述实验的一些做法。

一、利用网络优势搭建教师向外学习的平台

山区优质教育资源匮乏，利用网络优势搭建教师向外学习的平台，是山区提高教育教学水平、推进教育均衡发展的有效途径。为此，我们做了以下尝试。

1. 与名校异地同课共构教学

我们利用"三网（电信网络、有线电视网络和计算机网络）融合"平台搭建本地学校与名校沟通的渠道，并把名校的课堂教学实时传输到本地学校，让本地学校师生在校内即可与名校实现同步备课、同步上课和双向交流。例如，云浮市邓发纪念中学在省教育厅等有关部门的大力支持下，与广东实验中学开展了远程可视互动教学的实验，直接在校内与省内名校实现同步上课、同步备课和双向交流。与名校有效开展远程实时教学观摩活动，低耗高效地为教师提供了很好的学习、借鉴平台，对推动教师转变教学观念，提高教学水平起到了十分积极的作用。

2. 签约培训

我们通过与名校及有关教育机构进行签约培训，共享市外优质教师资源。例如，云安县（今广东省云浮市云安区）同美国外教在线英语课程签约，与世界顶级英语教学对接，由持有教师资格证的美国教师量身定制教学内容，在线进行远程教学并能实时互动，对师生进行英语培训。这一措施弥补了国内传统英语教学的不足，丰富了英语教学的内容和途径，对教师的专业发展起到了很好的促进作用。

3. 购买名校及有关教育机构课程资源供师生学习

我们购买本地名校及有关教育机构的课程资源，如华附在线学习中心（爱学网）资源、成都七中网校资源、北大百年学习网资源等网络学习资源，供教师共享学习，借助他们先进的办学理念、一流的师资队伍、现代化的教学设施打造的教育精品，为教师提供方便、有效的学习借鉴平台，为提高本地的教育

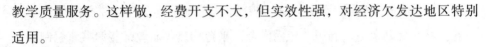

教学质量服务。这样做，经费开支不大，但实效性强，对经济欠发达地区特别适用。

4. 自主上网，个性化学习

我们大力引导教师利用电视、电脑，浏览、观摩广东省基础教育网、广东省名家讲堂、广东教育课程资源库、教材出版社网站等网络学习资源，进行个性化的学习，并精选优质教育资源网站，合理分类整合，提供便捷的链接服务，便于教师更大范围、更系统、更便捷、更有选择地分享优质教育资源。

二、利用网络优势搭建市内优质教师资源延伸、引领的机制

作为山区市，云浮市优质教师匮乏且极不均衡，如何借助"三网融合"平台，使本地并不宽裕的相对优质的教师资源在空间上延伸，辐射、感染本地更多的师生，壮大本地优秀教师群体，带动薄弱学校提高，推动教育均衡发展，更大范围地共享市内优质教师资源，是一项重要而有意义的工作，为此，我们进行了专项探索。

通过探索研究，我们构建了名校牵手薄弱学校，有效引领薄弱学校提高的基本模式，即"名校引领＋合作研究＋名师授课＋跟踪服务"模式。以本地名校为源头学校，牵手若干所薄弱学校，形成一个统一的整体，共同参与教学。合作学校通过网络平台，进行合作交流、分析研究并共同备课，再由名校的优秀教师进行远程互动教学，课后由源头学校任课教师组织终端学校科任教师进行集体议课，收集反馈意见，探讨改进课堂教学的方法和措施，并共同做好答疑解惑、方法指引、质量跟踪等教学服务工作，让薄弱学校教师在与名校牵手的过程中，学到方法，得到发展。实验证明，"名校引领＋合作研究＋名师授课＋跟踪服务"的模式对提高名校及薄弱学校的教学水平都是大有好处的。

三、提高教师自身的学习吸收能力

搭建了良好的教师学习渠道后，要取得好的学习提升效果，还必须提高教师自身的学习吸收能力，把他人好的经验做法内化，提升自身的素养。根据"有比较才能鉴别，有鉴别才能升华"及"学习、研究、实践、反思"是促进教师专业化发展的有效途径的理念，针对我们做得最多的是在实践中学习的特

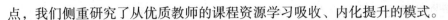

点，我们侧重研究了从优质教师的课程资源学习吸收、内化提升的模式。

1. **"观摩学习—重构研讨—实践应用—比较反思"模式**

学校科组定期利用优质教师异地同课直播教学及购买的名校教师课堂教学实录资源，组织学科教师进行观摩学习，观摩后直接就同一课程内容，针对本地学生实际，进行重构研讨，集体备课，再由指定教师进行同课异构式上课，最后进行集体的评课比较，反思从优秀教师的实际课堂教学中学到了什么，如何改进自身的教学等，提高学习应用的实效性。

2. **"研讨建构—教学实践—观摩学习—比较反思"模式**

学校定期组织教师就准备观摩学习的优质教师教学实录的教学内容进行集体备课，然后由指定教师上课，再观摩优秀教师课堂教学实录，最后进行集体评课，找差距，比较反思自身教学与优秀教师课堂教学的差距，在比较中发现自身的不足，明确改进、提高的方向。如果说前一种模式是"临"的话，本模式就是"摹"，通过不断地"临"和"摹"，来不断地比较学习、反思改进，大大提高了教师学习吸收的效率。

3. **学生对教师的比较反馈机制**

学生是教学活动的主体，学生对教师教学内容的组织、课堂教学的管理、教学方法的运用等是否适合自己是最清楚的，他们对教师教学的感受是深刻的，对教师教学的优缺点，自身更需要怎样的教学也最有发言权。当师生共同听了优秀教师的课，学生对自己老师和优秀教师的课有较深入的比较分析后，为改进教师的教学行为，提升其教学水平，使其教学更适合学生的实际，建立学生对老师的比较反馈机制，是十分重要且有效的。我们的操作模式是"听课感受—对比分析—有效反馈—改进提高"。我们定期收集学生对改进老师教学的反馈意见，使教师教学的优缺点得到及时反馈，从而调整和改进自身的教学，达到"智者改过而迁善"的目的，同时对教师的专业发展也起到了善意的鞭策作用。

四、构建远程教研活动机制模式，发挥优秀教师对群体的引领作用

教学研究过程是教师相互学习、共同研究、发挥群体作用的过程。教师集教育者、学习者、思考者、研究者、实践者等多重角色于一身，是将课程理念

和教育理论转化为教学行为，促进先进教学经验的提炼和传播的主体。在教研活动中，充分利用优质教师资源，发挥名优教师的辐射带动作用，提升广大农村教师的专业素养，发展壮大优秀教师队伍，对提升本地的教学水平，有着十分重要的意义。

云浮市地处粤西山区，中小学基础薄弱，交通不便、信息闭塞，面广点多，优质教育资源匮乏，教育经费紧缺，使教学研究活动的开展受到诸多不利因素的限制。为进一步发挥有限的优质教师资源在教学研究中的作用，我们利用"三网融合"平台，构建了市、县、片、校协调互动的远程教研活动机制，根据实际需要，随时开展市域、县域、片域和校间的教学研究活动，对重要的教研活动，还利用试点单位教学平台的自动录像系统录像，然后放到市局教育网站的资源库中，供全市教师随时回顾使用，大大丰富了教研活动的内容、形式和范围。

例如，云浮市教育局联合珠海市教育局，2011年10月、12月，在云浮市分别举办了珠海－云浮初中同课异构教学研讨活动和珠海－云浮高考备考研讨会，两地均派出本地名师进行了上课、议课和专题讲座等活动。我们同时发挥"三网融合"的网络优势，利用远程可视互动系统，对研讨活动进行全程实时播放。在研讨活动中，还可以进行多向互动，全市师生在所在学校就能参与活动。我们还将活动录像放到市教育局网站的资源库中，供全市教师随时观看使用，使以往只有少部分人直接参与的活动，扩大到全市的所有师生，还大幅节约了旅途的费用和时间，大大提升了优秀教师对群体的示范引领作用。

加强教师队伍建设，促进教师专业发展，优化教师教学行为，是教育永恒的话题，其方法和途径是多样的。"路漫漫其修远兮"，本文利用"三网融合"平台对促进山区教师专业发展的探索与实践进行总结探讨，也只能算是初步的探讨，促进山区教师专业发展的内涵和途径还有待进一步挖掘完善。

合理拆并，使物理综合题化繁为简

物理综合题的特点在于知识的综合及能力的综合，题目往往包含多个物理对象、多个物理过程，涉及多个物理概念和物理规律，综合考查多种能力。学生解决综合性问题的主要困难在于：一是不能形成解决问题的有效思路和方法；二是不能正确理解和运用解决问题必需的关键知识。针对物理综合题的特点及学生解决物理综合性问题的主要困难，我认为，对题目进行有效的拆解及科学的合并分析，是化解物理综合题难度，使物理综合题化繁为简的有效途径。

一、拆解

物理规律是反映物理现象、物理过程在一定条件下必然发生、发展和变化的规律。因此，应用物理规律解决物理问题最基本的思路是，选取物理对象，分析物理对象的物理状态（包括初态、末态，并用参量反映），分析物理对象从初态到末态的物理过程，从物理过程中寻找过程遵循的物理规律并列方程，将物理参量代入方程解题。一个复杂的物理现象往往要经历一系列的物理状态，相邻两个物理状态之间就是一个物理过程，我们往往将其具体细分为多个子过程，从子过程中找规律是解决物理问题的基本模式。

拆解顾名思义就是拆而解之，是将物理综合题包含的多个物理对象和复杂的物理过程分解成若干个简单的、对应着一定物理规律的子过程，并从子过程入手，寻求解决问题的方法及途径。其关键点有三个：一是拆解的目的和根本要求，就是使拆解出的子过程满足一定的物理规律，从而能根据其满足的物理规律找出解题的方案或列出解题的方程，形成解决问题的有效思路和方法。二是拆解的方法。一般可按发生的时空顺序把一个复杂过程分解成若干个简单过程，或将同一时间内发生的几个相关联的复杂过程分解成几个简单的过程。三是拆解必须与物理对象的恰当选取结合起来。拆解的本质是合理地把发生过一定物理现象或经历过一定物理过程的物理对象找出来，分析物理现象或物理过程中遵循的规律，按其遵循的规律对其进行独立处理。因此，拆解就是把综合成一体的物理问题分解成部分来处理，使原本看似复杂的问题变得简单、有规律。

二、合并

庖丁解牛何以能踌躇满志、游刃有余？关键是做到"目无全牛"而依乎天理！解决物理综合题也一样。物理综合题的物理对象存在于相互作用的体系之中，其相互作用的物理过程及状态参量间也存在着紧密的联系。要解决物理综合题，必须弄清其中的关系，做到"目无全题"，再进行拆解处理，并从拆解处理得到的系列解题方案或所列的一系列规律（方程）中，选出解题方案或规律（方程）。

合并指的是把所有的因素结合到一起，进行整体的分析，做到"目无全题"，再对题目进行拆解处理的准备过程。这里主要包含三个方面：一是整体分析各个物理对象在各个物理过程中的关系；二是整体分析各物理参量间的关系；三是从系列的解题方案或所列的一系列规律（方程）中，选出解题方案或规律（方程），简化解题的途径。

三、例题

例1（2015 年全国卷课标 Ⅰ 25 题）一长木板置于粗糙水平地面上，木板左端放置一小物块，在木板右方有一墙壁，木板右端与墙壁的距离为 4.5m，如图 1（a）所示。$t=0$ 时刻开始，小物块与木板一起以共同速度向右运动，直至 $t=1s$ 时木板与墙壁碰撞（碰撞时间极短）。碰撞前后木板速度大小不变，方向相反；运动过程中小物块始终未离开木板。已知碰撞后 1s 时间内小物块的 $v-t$ 图线如图 1（b）所示。木板的质量是小物块质量的 15 倍，重力加速度的大小 g 取 $10m/s^2$。求：

（1）木板与地面间的动摩擦因数 μ_1 及小物块与木板间的动摩擦因数 μ_2；

（2）木板的最小长度；

（3）木板右端离墙壁的最终距离。

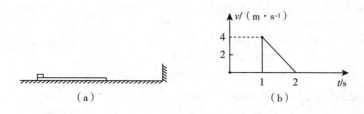

图 1　例 1 题图

合并分析：

要顺利解决本题，必须通过整体分析，弄清小物块与木板几个运动过程及相关参量的关系：①板与墙壁碰撞前，小物块与板有共同的速度和加速度，并可从速度图线中查出碰前瞬间两者的共同速度 v_1，算出其共同加速度是 a_1。②碰撞后两者有相对运动，小物块向右减速运动，设其加速度为 a_2，木板向左减速运动，设其加速度为 a_3，因木板足够长，二者经时间 Δt 再次共速，设速度为 v_3。③共速后，两者再次有共同的加速度 a_4，然后向左减速直到速度为零。

拆解分析：

根据上述的合并分析，按过程的时空顺序，围绕使拆解出的子过程满足一定的物理规律，从而能根据其满足的物理规律列出解题的方程的目的和根本要求，恰当地选取物理对象，将其拆解并归纳成表 1。

表 1　拆解归纳表

图景	过程描述	对象	规律或公式
v_0 ⟶ ⟵ s_0 ⟶ $-v_1$ v_1	板与墙壁碰撞前，m、M 共同向右做匀减速运动。设加速度为 a_1，运动 t_1 时间后碰撞，位移为 s_0，初速度、碰撞前速度分别是 v_0、v_1	m、M 系统	$-\mu_1(m+M)g = (m+M)a_1$，$v_1 = v_0 + a_1t_1$，$s_0 = v_0t_1 + \dfrac{1}{2}a_1t_1^2$，$v_1 = 4\text{m/s}$，$t_1 = 1\text{s}$，$s_0 = 4.5\text{m}$ ------------------- $-\mu_1(m+M)gs = \dfrac{1}{2}(m+M)[v_1^2 - v_0^2]$ $-\mu_1(m+M)gt_1 = (m+M)[v_1 - v_0]$

图景	过程描述	对象	规律或公式
$-v_1$ v_1	木板与墙壁碰撞后，小物块以 v_1 的初速度向右做加速度为 a_2 的匀减速运动，在 $t_2 = 2s$ 时，物块速度 $v_2 = 0$	m	$-\mu_2 mg = ma_2$ $a_2 = \dfrac{v_2 - v_1}{t_2 - t_1}$ $-\mu_2 mg(t_2 - t_1) = mv_2 - mv_1$
a_2 a_3	木板与墙壁碰撞后，木板以 $-v_1$ 的初速度向左做加速度为 a_3 的匀减速运动	M	$\mu_2 mg + \mu_1(M + m)g = Ma_3$
$-v_0$ v_0 v_3 s_1 s_2 a_4 s_1	木板与墙壁碰撞后，经过时间 Δt，二者再次共速，速度为 v_3，并再次有共同的加速度 a_4，不再有相对位移。设木板和小物块的位移分别为 s_1、s_2，小物块相对木板的位移为 Δs	m	$v_3 = v_1 + a_2 \Delta t$ $s_2 = \dfrac{v_1 + v_3}{2} \Delta t$ $-\mu_2 mg \Delta t = mv_3 - mv_1$ $-\mu_2 mg s_2 = \dfrac{1}{2} mv_3^2$ $\quad - \dfrac{1}{2} mv_1^2$
		M	$v_3 = -v_1 + a_3 \Delta t$ $s_1 = \dfrac{-v_1 + v_3}{2} \Delta t$ $[\mu_2 m + \mu_1(m + M)]g \Delta t = Mv_3 - (-Mv_1)$ $-[\mu_2 m + \mu_1(m + M)]gs_1 = \dfrac{1}{2}M(v_3^2 - v_1^2)$
		m、M	$\Delta s = s_2 - s_1$
v_3 a_4 s_1 s_3 s	小物块和木板具有共同速度后，两者向左做匀变速运动直至停止，设加速度为 a_4，位移为 s_3，碰后木板运动的位移为 s	m、M 系统	$\mu_1(m + M)g = (m + M)a_4$ $0 - v_3^2 = 2a_4 s_3$ $s = s_1 + s_3$

注：m 为小物块的质量，M 为木板的质量。

从表 1 中可以看出，通过合并分析及科学拆解，我们建立了一系列的方程，从这一系列的解题规律（方程）中，再进行合并分析，选出解题规律（方程）即可解决本题（虚线以上的式子为公布的标准答案式子）。另外，可选择不同的方程组合，实现一题多解，从而使题目化繁为简，有效克服学生解综合性物理问题的主要困难，提高其解综合性物理问题的能力。

例 2 ［2013 年全国卷课标 Ⅰ 25 题］ 如图 2 所示，两条平行导轨所在平面与水平地面的夹角为 θ，间距为 L。导轨上端接有一平行板电容器，电容为 C。导轨处于匀强磁场中，磁感应强度大小为 B，方向垂直于导轨平面。在导轨上放置一质量为 m 的金属棒，棒可沿导轨下滑，且在下滑过程中保持与导轨垂直并良好接触。已知金属棒与导轨之间的动摩擦因数为 μ，重力加速度大小为 g。忽略所有电阻，让金属棒从导轨上端由静止开始下滑，求：

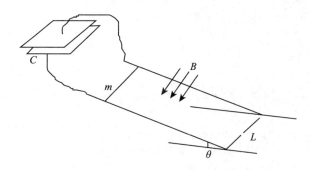

图 2 例 2 题图

（1）电容器极板上积累的电荷量与金属棒速度大小的关系；

（2）金属棒的速度大小随时间变化的关系。

合并分析：

这是同一时间内发生的几个相互关联的复杂过程，可恰当选取研究对象，将其分解成几个满足一定物理规律的简单子过程进行独立处理，再根据各对象及其参量间的关系，建立一定的联系，合并解决本题的问题。

（1）金属棒下滑产生的感应电动势 $E = BLv$，由于电容器接于电路中，相当于开路，故其两端电压 $U = E$，电容器极板上积累的电荷量 $Q = CU$。

（2）金属棒：设经过时间为 t，棒的速度为 v，电流为 i，则金属棒受到沿

斜面向上的安培力 $f_1 = BLi$，摩擦力 $f_2 = \mu mg\cos\theta$。根据牛顿第二定律有 $mg\sin\theta - f_1 - f_2 = ma$，$v = at$。

（3）利用微元法，建立参量间的关系：$\Delta Q = C\Delta U$，$\Delta U = \Delta E = BL\Delta vi = \dfrac{\Delta Q}{\Delta t}$，$a = \dfrac{\Delta v}{\Delta t}$。

相关明细见表2。

表2　相关明细表

图景	过程描述	对象	规律或公式
	金属棒从导轨下滑速度为 v 时，金属棒产生感应电动势为 E，电容器极板上积累的电荷量为 Q	金属棒	$E = BLv$
		电路	$U = E$
		电容器	$Q = CU$
	金属棒从导轨上端由静止开始下滑，经过时间 t 后，速度为 v，电流为 i，金属棒受到沿斜面向上的安培力为 f_1，摩擦力为 f_2，对导轨正压力为 N。经历时间（t，$t+\Delta t$），流经金属棒的电量为 ΔQ，金属棒的速度变化为 Δv	金属棒	$mg\sin\theta - f_1 - f_2 = ma$ $f_1 = BLi \quad i = \dfrac{\Delta Q}{\Delta t}$ $f_2 = \mu N \quad N = mg\cos\theta$ $a = \dfrac{\Delta v}{\Delta t}$ $v = at$
		电容器	$\Delta Q = C\Delta U$ $\Delta U = \Delta E = BL\Delta v$

利用表中的公式，将它们组合起来，即可顺利解出本题。

从上面的分析中可以看到，只要细致、准确地做好整体的合并分析及题目的有效拆解，即使是较复杂的物理综合题，也能使其化繁为简，快捷、准确地找到解决问题的有效思路和方法，使问题迎刃而解。同时，这样的训练，对学生正确理解和运用物理知识，提高学生运用物理知识解决实际问题的能力也大有帮助。

参考文献：

［1］陶昌宏．物理复习要重视对物理过程的分析［J］．中国考试：高考版，2006（5）．

［2］许湘苗，张军朋．物理综合性问题的一种教学策略：搭建物理概念脚手架［J］．物理通报，2013（3）．

［3］周兆棠，等．小议"全国卷"特点与 2016 广东高考备考策略异曲同工，谱奏新章［J］．物理学科网，2015（12）．

巧用习题反思　提高学习效能

为了实现"学以致用"，学生在学习过程中都要做一定量的练习题，题目会从多个角度对所学的知识、方法进行比较全面的考查。因此，自己做过的习题是一个非常重要的学习资源，多年的教学实践应用证明，引导学生利用做过的习题，进行科学的反思学习，对帮助学生深化理解、克服遗忘、优化认知结构等有极大的促进作用，能实现温故知新，有效地提高学生的学习效能。下面根据我的实践，详细说明。

一、及时反思，深化理解

教师应引导学生对自己做过的习题进行及时的反思，分析整理，反思题目所涉及的基础知识，检查所学知识的掌握情况；反思解题思路是否正确、严谨，反思解题方法是否灵活、有创意，反思解题方法中有无规律可循，反思有无其他方法、哪种方法更好等，使学生掌握运用知识的方法及技能，发展思维能力。特别是学生做错或解答不全面的习题，更要让学生进行深入的原因分析，分析做错或解答不全面是知识、方法、技能的缺漏造成的，还是理解的偏差造成的，缺漏或偏差点在哪里，及时进行补缺补漏纠偏，解决好知识、方法、技能的理解与把握问题，并将自己的分析及老师评讲的要点直接记在习题旁边，按顺序积存起来，以便日后温故之用。

例　在如图 1 所示的电路中，电源的电动势 E 和内阻 r 恒定不变，滑片 P 在变阻器正中位置时，电灯 L 正常发光，现将滑片 P 向左端移动，则（　　）

A. 电压表的示数变大

B. 电流表的示数变大

C. 电灯 L 消耗的功率变小

D. 电阻 R_1 消耗的功率变小

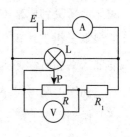

图 1 例题图

这道题目考查了高中"电路"一章的大部分知识点，学生可通过这道题目，反思自己对题中涉及的知识点，如滑动变阻器的相关知识、电路的分析判断、电功率的计算、部分电路和闭合电路的欧姆定律、路端电压与负载的关系等知识点是否掌握；反思、总结、讨论电路中电阻发生变化后引起电流、电压变化等问题的基本解题思路和解题方法，如总结出这类题目基本的解题思路是由局部到整体，得到总电流的变化情况，然后再根据电路结构局部分析出电压和支路电流的变化情况。具体到这道题就是从滑片 P 向左端移动→R 变大→总电阻。

$R_总$ 变大→总电流 I 变小（B 错）→路端电压 U 变大→L 两端的电压及通过其电流均变大（C 错）→通过 R、R_1 的电流变小（D 对）→电压表示数 $U_R = U - I_1R_1$ 变大（A 对）。如果错选了 B 或 C，除了纠正错误外，还要做好"究错"工作，即追究错误的原因，是不懂得解题思路、方法，还是分析中哪里出了问题，为什么会出现这样的问题，是否有知识的缺漏或偏差点，若有就应该及时进行补缺补漏纠偏，解决好知识、方法、技能的理解与把握问题。

二、重复反思，防止遗忘

俄国生理学家谢切诺夫说："一切智慧的根源都在于记忆。"记忆是智慧之母，学习之基。因此，防止遗忘，记好所学，是学习中必须解决的一大难题。艾宾浩斯记忆规律实验告诉我们，防止遗忘正确、科学的方法是及时复习与经常复习相结合。利用做过的习题进行科学的反思学习，使及时复习与经常复习有机地结合起来，是解决遗忘这一难题的极佳途径。

在对自己做过的习题进行及时反思、分析、整理的基础上，每周对本周所做的题目进行一次反思巩固。对从多个角度考查所学的知识、方法、技能的题目，以及自己的分析及老师评讲的要点记录，要及时进行复习巩固，加深理解、记忆。再次对缺漏偏差进行排查，特别是要做好纠偏这一工作，因为认识的偏差是扎根于脑海深处的，往往不易纠正，如果不从根本上纠正过来，隔一段时间又会恢复到原来的错误认识中。学习中常见的同类问题重复性出错，就是未从根本上纠正认识偏差的结果，所以，要重视这步工作，力求使自己较全面、准确地掌握所学的内容。

利用习题反思学习，不仅要将及时复习与经常复习有机地结合起来，而且还要做到以下几点：①深度加工了记忆的信息，通过对已做习题的分析整理，用自己语言概括、表达所学的知识、方法、技能，将其变成自己的东西；②为自身的记忆、联想提供习题的信息载体，利于联想记忆；③进行组块化编码，利用储存在长时记忆系统中的知识经验对进入短时记忆系统中的信息加以组织，使之成为自己所熟悉的有意义的圈套单位；④进行适当的过度学习，对学习的内容进行适当的加工延伸。所有这些，对加深学习内容的理解与把握，防止遗忘都是至关重要的，实践证明也是十分有效的。

三、适时反思，优化认知

形成良好的认知结构是学习的核心任务。为进一步巩固记忆，优化认知结构，在前述反思学习的基础上，每隔一个月左右的时间或学完一个单元内容后，对整理积存的习题资料，按上述方法重复巩固梳理一遍。同时，对自己做过的同类题目，按知识内容和思维方法进行归类梳理，发挥题目对课本内容已进行的加工、组合、延伸和拓展效能，以及对知识应用的分析方法、思维技巧的引导检测功能，对知识进行系统梳理，形成知识网络，巩固涉及的知识点、分析方法和思维技巧，并对所学的新旧内容进行比较归纳，使新旧内容有机地融合起来，通过系列的思考、梳理、感悟及升华，优化自己的认知结构。

皮亚杰认为"结构是在构建中形成的"，并用同化、顺化、平衡等过程表征认知结构建构的机制。他的建构主义学习理论强调了外在整体环境的重要性，认为环境为学习者提供的丰富、良好的多重刺激是促使认知结构完善和发生变化的根本条件。他所说的环境就包括了真实的问题情境。习题反思学习正是利用问题情境进一步理解、深化所学的概念和规律，熟练掌握运用概念和规律解决问题的方法、途径和技巧，并通过分析、比较、归纳、整理，使自己对知识结构的表达形式进行有序认识，真正做到能在不同的条件下和情境中灵活运用已学知识，同时，把物理结论及信息迁移到不同的物理过程中加以应用，及时通过精加工来将新旧知识整合起来形成新的认知结构，达到温故知新的功效。

下面仅就一道习题在不同学习阶段的反思，谈谈习题反思对促进新旧内容融合、促进能力发展、优化自身认知结构的作用。

例　在光滑的水平轨道上有两个半径都是 r 的小球 A 和 B，质量分别为 m 和 $2m$，当两球心间的距离大于 l（l 比 $2r$ 大得多）时，两球之间无相互作用力；当两球心间的距离等于或小于 l 时，两球间存在相互作用的恒定斥力 F。设 A 球从远离 B 球处以速度 v_0 沿两球连心线向原来静止的 B 球运动，如图所示。欲使两球不接触，v_0 必须满足什么条件？

分析：

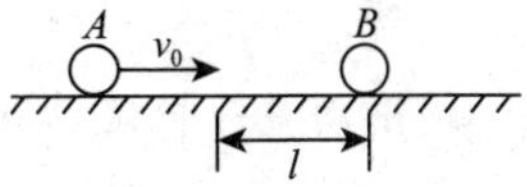

以 v_1、v_2 表示当两球间距离最小时 A、B 球的速度，以 s_1、s_2 表示两球间距离从 l 变至最小的过程中，A、B 两球通过的路程（设用时为 t）。当 A、B 的速度相等时，两球间的距离最小。若此距离大于 $2r$，则两球不会接触。因此，不接触的条件是

图 2　例题图

$$v_1 = v_2 = v ①　　　　l + s_2 - s_1 > 2r ②$$

若只有动力学知识，可根据题目列出一系列方程（表 1）：

表 1　根据题目列方程

对 A 球	对 B 球
$F = -ma_1$	$F = 2ma_2$
$v_1 = v_0 + a_1 t$	$v_2 = a_2 t$
$s = v_0 t + \dfrac{1}{2} a_1 t^2$	$s_2 = \dfrac{1}{2} a_2 t^2$
$v_1^2 = v_0^2 + 2a_1 s_1$	$v_2^2 = 2a_2 s_2$
$s_1 = \dfrac{1}{2}(v_0 + v_1)t$	$s_2 = \dfrac{1}{2} v_2 t$

只要选择与所设未知数对应相等的方程（如选择表 1 中分别对 A 球、B 球的前面 3 个方程），结合前面的两个条件方程组成方程组，即可求出结果。

若学完能量的内容后，回头来看这道题目，从能量的角度结合前面的内容，又可以有不同的解法，比如可按下述方法求解。

解：$v_1 = v_2$ $l + s_2 - s_1 > 2r$

对 A：$Fs_1 = \dfrac{1}{2}mv_0^2 - \dfrac{1}{2}mv_1^2$ $s_1 = \dfrac{1}{2}(v_0 + v_1)t$

对 B：$Fs_2 = \dfrac{1}{2}(2m)v_2^2$ $s_2 = \dfrac{1}{2}v_2 t$

联立解得 $v_0 < \sqrt{\dfrac{3F(l - 2r)}{m}}$

若学完动量的内容，再回头来看这道题目，从动量的角度结合前面的内容，又可以有不同的解法，比如可按下述方法求解。

解：$v_1 = v_2$ $l + s_2 - s_1 > 2r$

由动量守恒定律得 $mv_0 = mv_1 + 2mv_2$

由动能定理得 $Fs_1 = \dfrac{1}{2}mv_0^2 - \dfrac{1}{2}mv_1^2$

$$Fs_2 = \dfrac{1}{2}(2m)v_2^2$$

联立解得 $v_0 < \sqrt{\dfrac{3F(l - 2r)}{m}}$。

还可以用整体系统法来解这道题。

解：对整体运用动能定理得 $F(s_2 - s_1) = \dfrac{1}{2}(3m)v^2 - \dfrac{1}{2}mv_0^2$

对整体运用动量守恒定律得 $mv_0 = (3m)v$

不接触的条件是 $l + s_2 - s_1 > 2r$

联立解得 $v_0 < \sqrt{\dfrac{3F(l - 2r)}{m}}$

把上面所列的一系列方程通过组成不同的方程组，还可以有多种不同的解法。

从上面的分析中可以看到，通过对这样一道题目的反思，循序渐进地利用了中学力学的主要理论分析思考问题，分析弄透类似的题目，可以达到"懂一题，会一类，活一方"的效果。在学习过程中，运用习题反思法时，经常结合新学的知识反思探讨自己已做过的习题，并对知识内容和思维方法适时进行梳理归纳，无疑对促进新旧知识的融合把握，活跃思维，促进能力提升，优化自身的认知结构起着重要的作用。

四、系统反思，全面复习

利用习题反思学习，可以有效地进行系统复习，特别适合毕业班学生的考前复习。本人的多年工作实践证明，毕业班学生在升学考试前 20 天左右，利用习题反思法进行系统复习，效果特别显著。因为这段时间学生一般要进行一次较系统的复习，深入查漏补缺纠偏，弥补自己的学习缺陷及不足，同时回归课本，全面掌握考点知识。但此时学生本来就不同程度地存在焦虑、浮躁、贪大求全的心态，且往往对课本的知识感觉已经掌握，把握不准自己的缺漏点、偏差点在哪里，因而不知如何弥补不足、纠正偏差，不知如何回归课本，甚至有不知所措的感觉，容易使焦虑、浮躁的情绪升级。如果引导学生利用习题反思学习，利用做过的习题系统地复习巩固知识、方法、技能，进行最后的查缺补漏纠偏，归纳梳理重要的思想方法及解题方法，不但可以提高复习效率，有效地进行系统复习，而且可以较好地稳定学生的情绪，调整学生的状态，增强学生的信心，让学生以较好的状态迎接考试。

总之，自己做过的习题是一个重要且难以替代的学习资源，里面蕴藏着丰富的学习信息，值得珍惜重视。科学地利用习题反思学习，可以温故知新，有效地提高学习效能。

《利用"三网融合"平台构建优质教师资源共享机制的研究》结题报告

在实现教育公平、推进素质教育的工作中，教师起着举足轻重的作用，构建优质教师资源共享机制，最大限度地发挥优质教师资源的辐射带动作用，带动教师队伍整体素质提升，是解决目前教师队伍整体素质难以适应教育发展需要这一难题的良策。本课题正是利用"三网融合"平台，探索构建优质教师资源的共享及学习吸收、内化提升的机制模式。该机制可以使优质教师资源在空间上延伸，辐射、感染更多的师生，壮大优秀教师群体，带动薄弱学校提高，推动教育均衡发展，实现优质教师资源更大范围、更有效的"共享"。

《利用"三网融合"平台构建优质教师资源共享机制的研究》是由云浮市教育局教研室陈金球负责的广东省"十一五"补充课题（J08-014）。该课题于2010年9月举行开题仪式，并通过论证后正式启动。整个实验过程中边研究、边修改、边发展，充分利用"三网融合"平台，对如何构建共享市内外优质教师资源的机制进行了探索研究，并做好了资料的收集、整理、汇总，及时总结成果。在上级部门的指导下，经全体教师的共同努力，课题实验进展顺利，已完成实验方案中所制定的研究目标和任务。现将课题总结如下。

一、课题研究的背景、意义和价值

（一）课题研究的背景

当前，我国正大力构建和谐社会，教育作为提高国民素质的基础性工程、民生的头等大事，推动着义务教育的均衡发展，全面提高了教育教学质量，是实现教育公平、构建和谐社会的必然要求。在这一过程中，教师作为最重要的教学资源，加强教师队伍建设，提高教师队伍的整体素质无疑是核心工作。但优质教师资源稀缺，配置欠合理，是实现教育公平、提高教育教学质量的一大障碍。为破解这一难题，构建优质教师资源共享机制，最大限度地发挥优质教师资源的辐射带动作用，全面提升教师队伍的整体素质，成为破解这一难题的关键。

我国正在加快推进电信网、广播电视网和互联网"三网融合"，实现三网互联互通、资源共享，为用户提供语音、数据和广播电视等多种服务。云浮市作为广东省"三网融合"的试点，"三网融合"的网络优势为远程可视互动教学、远程教研、远程学习和教学资源开发共享等提供了强有力的支撑平台。所有这些，无疑为优质教师资源的辐射带动，扩大优质教师资源的辐射面和覆盖面，提供了更多更为方便、简捷、可靠的途径。

（二）课题研究的意义和价值

1. 构建优质教师资源的共享机制，最大限度地发挥优质教师资源的辐射带动作用

构建优质教师资源的共享机制，最大限度地发挥优质教师资源的辐射带动作用，使市内学校师生能够享受市内外的优质教师资源，进一步实现优质教育资源的共享，从而缩小城乡之间、市内学校与市外名校之间在教育发展和教育质量上的差距，促进教育资源的均衡化发展，加快推进教育公平。

2. 丰富教师培训方式和内容

学校可以让教师直接观摩学习名校名师的课堂教学，借助名校名师的教育教学实践指导，提升实验学校的教研品位，优化教师的培训模式，提升教师队伍的整体素质，促进教育的内涵发展，推动教育教学水平和质量的大面积提高。

3. 以"三网融合"的教育应用为契机，提高教育信息化的水平

学校可以借助"三网融合"平台，统筹促进电信网、广播电视网和互联网等面向教育信息化的各种网络的互联互通、有机融合和协调发展，推动教育信息基础设施建设，提高学校信息化设备设施配备水平及应用水平，形成遍布城乡的教育信息网络系统。

（三）概念的界定

"三网融合"：电信网、广播电视网和互联网在向宽带通信网、数字电视网、下一代互联网演进的过程中，三大网络通过技术改造，其技术功能趋于一致，业务范围趋于相同，网络互联互通、资源共享，能够为用户提供语音、数据和广播电视等多种服务。

优质教师资源：由具有崇高的责任感和使命感，具备先进的教育思想、较强的适应能力和渊博的学识，并在特定的时间、地点，在教育教学工作中取得了人们公认的高质量的工作业绩的优秀教师群体集合而成的教师资源。

共享机制：以一定的运作方式，协调教育教学运行的相关环节，在市内外更大范围分享可用的优质教师资源的运行规律。

二、课题研究的理论依据

1. 哲学观点

"外因是变化的条件，内因是变化的依据，外因通过内因而起作用。"观摩学习市内外优质学校、优秀教师的教学活动，以及与他们的交流活动，可以激发师生的工作学习热情，使教师转变教学观念，使师生改善教与学的行为，使教师提高教学水平。

2. 教师成长规律

波斯纳提出了教师成长公式：经验＋反思＝成长。著名心理学家林崇德教授提出了"优秀教师：教学过程＋反思"的方程式等。优质教师资源共享可以发挥优质教师资源的综合效应，引导本地教师研究、学习优秀教师先进的教学理念、成功的教学经验和精湛的教学艺术，积累经验、提高自身素质，并通过学习模仿、探索实践、反思积累等促进自身成长。

3. 新的教师观

新的教师观认为，教师是学生发展的促进者、课程的开发和建设者、教育教学的研究者，在课堂教学上与学生的关系是平等中的首席。新的教师观要求教师在教学中促进专业发展，大力提高自身的教学能力和研究能力。因此，"教师即研究者"，教师是"反思实践者"已深入人心。利用"三网融合"平台，构建优质教师资源共享机制，为教师的反思实践、学习研究提供了样本和内容，为教师"转识成智"铺路搭桥。

4. 在比较和鉴别中认识的相关理论

"有比较才能有鉴别""榜样的力量是无穷的"。利用"三网融合"平台共享优质教师资源，让本地师生在参与名校、优秀教师的教学活动及与他们的交流中，发挥名校、优秀教师的标杆作用，通过比较、鉴别发现自身的不足及差距，有目的地追赶，甚至超越。

三、课题研究的内容和目标

（一）课题研究的内容

我们利用"三网融合"的网络平台，构建优质教师资源共享机制，最大限度地发挥优质教师资源的作用，进行课题研究，主要针对以下内容：

（1）探索"三网融合"教学应用的有效途径。

（2）探索构建共享市内外优质教师资源的机制模式。

（3）探索构建从优质教师资源的共享中学习提升的机制模式。

（4）探索构建远程协作教研机制。

（5）探索构建在线自主学习的运行机制。

（6）探索构建校际远程协作教学机制。

（二）课题研究的目标

通过"三网融合"平台，搭建有效机制，共享市内外的优质教师资源，提高我市整体教学水平，推进教育均衡发展，希望达到以下目标。

1. 构建共享优质教师资源的机制模式

构建共享优质教师资源的机制模式，使优质教师资源在空间上延伸，从而辐射、感染更多的师生，壮大优秀教师群体，带动薄弱学校提高，推动教育均衡发展，实现优质教师资源更大范围的共享。

2. 构建对优质教师资源的学习吸收、内化提升的机制模式

构建对优质教师资源的学习吸收、内化提升的机制模式，架起资源与应用吸收之间的桥梁，更有效地发挥优质教师资源的辐射带动作用和自身的能动性，实现优质教师资源更有效的共享。

四、课题研究的方法

本课题具有很强的现实性和实践性，采取了文献法、行动研究法、调查法等多种研究方法进行研究；整合各校资源，组织好力量，紧密结合自身实际，

通过实证分析和理性思考，边研究边总结推广，以取得研究的实际效益。

第一，搜集、鉴别、整理文献资料，并通过对文献的研究，形成对事实的科学认识，使课题研究有较高的立论点，并从中寻求解决问题的有效途径。

第二，大力开展调查研究，对"三网融合"的发展状况、教师的现状、学校教学的现状等开展调查研究，把握课题研究的起点和基础，加强研究的现实性和针对性。

第三，本课题主要采取行动研究的方式，其特点是在自然条件下进行实践，并对实践进行不断的反思，通过计划、实践、观察、反思四个步骤进行。

五、课题研究的实施过程

（一）成立课题研究小组

课题领导小组

顾　　问：杨东凯

组　　长：欧泽昌（云浮市教育局副局长）

副组长：谭志坚（邓发纪念中学校长）

　　　　陈金球（云浮市教育局教研室主任）

　　　　陈　悦（云城区教育局副局长）

课题研究小组

组　　长：陈金球（云浮市教育局教研室主任）

副组长：童金寿（云浮中学校长）

　　　　杨　青（云浮市教育局教仪站站长）

秘　　书：莫恒光（云浮市教育局教研员）

　　　　伍燕坤（云浮市教育局教研员）

组　　员：曾文溢（云城区教育局教研室主任）

　　　　江国灿（邓发纪念中学副校长）

　　　　彭金荣（云浮市教育局教仪站教研员）

　　　　刘鹏举（云浮中学副校长）

（二）课题研究各阶段任务

1. 研究准备阶段（2010 年 9 月—2011 年 1 月）

文献检索，理论学习，制订方案，组建队伍，精心准备。

具体工作包括以下几方面：

（1）组建课题研究队伍。

（2）制订实验方案。

（3）确定首批实验单位。

（4）撰写开题报告。

（5）配套设备设施。

（6）培训实验教师。

2. 实验研究，测试总结（2011 年 2 月—2012 年 2 月）

在实验单位开展实验，实验内容包括：

（1）与省内名校开展远程互动教学实验。

（2）在市内开展远程互动教学实验。

（3）开展远程教研活动实验。

（4）开展利用省内名优资源（如华附在线、广东省名师网络课堂等）进行远程学习的实验。

（5）开展名校牵手薄弱学校，引领薄弱学校提高的实验。

（6）开展教学资源开发（网络资源、电视资源），并供全市师生共享的实验。

（7）对优质教师资源的学习吸收、内化提升机制模式进行探索研究。

在实验过程中，进行调查研究，反思总结，探索构建优质教师资源共享机制，并逐步完善。

3. 筹备结题工作（2012 年 3—4 月）

略。

六、课题研究的主要成果

1. 对共享市外优质教师资源的机制进行探索研究

云浮市地处粤西山区，优质教师资源匮乏，如何搭建有效机制，共享市外优质教师资源，提高本市教育教学水平，推进教育均衡发展，是课题研究的一项重要内容。为此，我们开展了一系列的研究探讨，并构建了如下机制模式：

（1）异地同课共构教学的共享模式。我们利用"三网融合"平台搭建实验学校与名校沟通的渠道，并把名校的课堂教学实时传输到我市实验学校，让实验学校的师生在本校即可与名校实现同步备课、同步上课和双向交流。例如，实验学校邓发纪念中学在有关部门的大力支持下，与广东实验中学开展了远程同步上课实验，使学校师生可以一起共享省级名校高质量的授课。

观摩名校的实时教学活动一方面为教师提供了很好的学习、借鉴机会，对转变教师教学观念、优化教学行为、提高教学水平起到了重要的作用；另一方面，让学生直接参与名校的课堂教学，亲耳聆听名校教师的教导，在分享名校名师的资源中，开阔视野，激发自主学习的潜能，全面提高其学习能力和综合素质。

（2）签约培训机制。我们与有关教育机构进行签约培训，共享市外优质教师资源。例如，云安县（现为云安区）与美国外教在线英语课程签约，由有资质的美国教师量身定制教学内容，在线进行实时互动的远程教学，对师生进行英语培训。这一做法弥补了国内传统英语教学的不足，拓展了英语教学的内容和途径，大大提高了学生的英语听说水平和实际应用能力。有听过课的学生说："这真是让人印象深刻的英语课，我们与世界的距离可以这么近！我们享受了美国教师的优质课。"

又如，邓发纪念中学与华南师范大学附属中学签约，在邓发纪念中学设立"华附在线邓中班"，由华南师范大学附属中学（简称华附）提供网上学习资源，供该班的学生进行网上学习，使该班的学生在本校内就可以享受华附优质的教学资源，享受华附名师的辅导。

（3）购买名校及有关教育机构课程资源的应用机制。为利用更多更好的资源，我们探索了构建购买名校及有关教育机构课程资源的应用机制。部分实验学校购买华附在线学习中心资源、成都七中网校资源、北大百年学习网资源等网络学习资源，供师生共享学习，借助他们先进的办学理念、一流的师资队伍、现代化的教学设施打造的教育精品，为提高本地的教育教学质量服务。

（4）网上个性化学习机制。教师、学生通过"三网融合"平台，利用电视、电脑，应用签约培训资源、购买的课程资源及主流的网络学习资源，如广东省基础教育网资源、广东省名家讲堂资源、相关教材出版社的网络资源、华附在线学习中心等，根据自身实际，选择合适资源进行个性化的学习。

2. 对共享市内优质教师资源的机制进行了探索研究

作为山区市，云浮市优质教师匮乏且极不均衡，借助"三网融合"平台，使本地并不宽裕的相对优质的教师资源在空间上延伸，辐射、感染本地师生，发展壮大本地骨干教师群体，提高薄弱学校教育教学水平，促进教育均衡发展，更好地发挥市内优质教师资源的引领作用有十分重要的意义。为此，我们进行了市内优质教师资源共享模式的探索。

通过研究，我们构建了名校牵手薄弱学校的基本模式，即"名校引领＋合作研究＋名师授课＋跟踪服务"模式。以本地名校为源头学校，牵手若干所薄弱学校，形成一个统一的整体，共同参与教学，通过网络平台，进行合作交流、分析研究并共同备课，再由名校的优秀教师进行远程互动教学，课后由源头学校任课教师组织终端学校科任教师进行集体议课，收集反馈意见，探讨改进课堂教学的方法和措施，并共同做好答疑解惑、方法指引、质量跟踪等教学服务工作。同时，共同在帮助薄弱学校学生"激发兴趣、增强自信、学会方法、提高能力"等方面多做文章，让薄弱学校师生在共享市内优质教师资源的过程中，得到较好的发展。

实验证明，"名校引领＋合作研究＋名师授课＋跟踪服务"的模式对提高名校及薄弱学校的教学水平都是大有好处的。云城区在高中、初中及小学分别做了实验后，在试点工作汇报中是这样描述的："作为终端的乡镇薄弱学校，一是学生方面，开阔了眼界，觉得很神奇。因为他们从没见过城区学校的学生穿着整齐的校服坐在宽敞明亮的教室上课的场面。同时，他们看到了城区同龄学生各方面的水平之高，意识到自己的差距。二是教师方面，因为学生见识了优质的课是如何上的，所以对自己的老师也提出了更高的要求，促使教师加强学习，老师们也尝试着去应用信息化手段下载并制作课件等，虽然还很不成熟，但这是良好的开始。三是学校方面，最先进的教学平台进了自己的教室，学生感到很惊喜，各方面表现都有了很大改观（如不乱丢垃圾了，见人有礼貌了，课间不打闹了），因为通过互动平台学校成了对外的窗口。"

作为源头的城区优质学校，一是对授课教师本人的受益最大，成长也是最快的，因为自己的课要有良好的辐射效应，就必须充分准备，从而促使更多优秀教师快速成长。二是开通了一个不出门也能与兄弟学校交流的平台，增进了感情也促进了本校品牌科组的形成，教师班级管理逐步规范等。

3. 对优质教师资源的学习吸收、内化提升机制模式进行了探索研究

教师是教育的第一资源，是发展教育事业的关键所在。因此，如何对优质教师资源进行学习吸收、内化提升，大面积优化本地教师教育教学理念，提高教育教学水平，使更多的受教育者受惠，实现优质教师资源更大范围的共享，是本课题研究的一项重要内容，我们为此进行了专项研究。

根据"有比较才能鉴别，有鉴别才能升华"及"学习、研究、实践、反思"是促进教师专业化发展的有效途径的理念，针对优质教师的课程资源，我们构建了以下学习吸收、内化提升模式：

（1）"观摩学习—重构研讨—实践应用—比较反思"模式。我们定期利用优质教师异地同课直播教学及购买的名校教师课堂教学实录资源，组织学科教师进行观摩学习，观摩后直接就同一课程内容，针对本地学生实际，进行重构研讨，集体备课，再由指定教师进行同课异构式上课，最后进行集体的评课比较，反思从优秀教师的实际课堂教学中学到了什么，如何改进自身的教学，提高学习应用的实效性。

（2）"研讨建构—教学实践—观摩学习—比较反思"模式。我们定期组织教师就准备观摩学习的优质教师教学实录的教学内容，进行集体备课，然后由指定教师上课，再观摩优秀教师课堂教学实录，最后进行集体的评课比较，比较反思自身教学与优秀教师课堂教学的差距，在比较中发现自身的不足，明确改进、提高的方向。

（3）学生对教师的比较反馈机制。学生是教学活动的主体，学生对教师教学内容的组织、课堂教学的管理、教学方法的运用等是否适合自己是最清楚的，他们对教师教学的感受是深刻的，对教师教学的优缺点、自身更需要怎样的教学也最有发言权。当师生共同听了优秀教师的课，学生对自己老师和优秀教师的课有较深入的比较分析后，为改进教师的教学行为，提升其教学水平，使其教学更适合学生的实际，我们还建立了学生对教师的比较反馈机制，其模式是

"听课感受—对比分析—有效反馈—改进提高"。我们定期收集学生对改进教师教学的反馈意见，使教师教学的优缺点得到及时反馈，从而调整和改进自身的教学，达到"智者改过而迁善"的目的。同时，对教师的专业发展也起到了善意的鞭策作用。

（4）学生自身的感悟、内化、提升机制。达尔文说过"最重要的知识是方法"。"三网融合"教育应用让本地实验学校的学生有机会参与名校的课堂教学。对学生而言，除了学习知识外，更重要的是学习名校学生的学习方法，改进自身的学习方法。本课题通过实验构建了"参与感悟—反思内化—改进提升"的学法改进模式，要求学生在参与名校的课堂学习中，注意观察、学习名校学生的学习方式、学习方法，改进自己的学习行为，并形成自己的书面体会。实验证明，名校学生的学习氛围确实影响了实验学校的学生，经过一段时间后，学生更主动积极地参与到课堂教学中，课堂气氛更热烈、和谐、民主，学生敢于质疑，更勇于讨论，更愿意合作学习，学习气氛更活跃了。

4. 拓宽教学资源开发应用渠道，供全市师生共享使用

优质教育资源是学校教学、管理和教研的重要支撑，也是缩小城乡教育在内涵、质量上的差距，促进教育均衡发展的重要载体，是课程的重要补充。"三网融合"的网络优势，为远程学习和教学资源开发共享等提供了强有力的支撑平台。利用这一平台，拓宽教学资源开发应用的渠道，扩大优质教师资源的来源和辐射面是十分有意义的事情。为此，我们做了以下工作：

（1）深挖需求，讲究实用地收集、开发、充实本地教育服务平台的资源。根据师生的实际需求，特别是教师教学及学习提高的需求，我们有针对性地收集、开发相关资源，如把名师课堂教学实录、名师辅导讲座实录、名师教学课件等放到云浮教育网、云浮教研办公网等本地教育服务平台上，并不断进行更新、充实、优化，供全市师生共享使用。

（2）精选优质教育资源网站，合理分类整合，提供便捷的链接服务。云浮教育网教学资源部分按共享资源网站、主题资源网站、综合性资源网站等分列目录，并把国家级、省级和广东省地市级教育网站的网址列表，提供链接服务，使云浮市的师生更大范围、更系统、更便捷、更有选择地分享优质的教育资源。

实践证明，以上的操作模式符合云浮市的实际情况，既发挥了市内外优质

教师资源的作用，使优质教师资源在空间上实现有效延伸，又充分调动了终端学校师生的积极性和能动性，使优质教师资源的辐射带动作用发挥出更大的效能。云城区在实验总结中写道："实验活动的开展激发了学生的求知欲和主动参与的内驱力，实现了教师教得有效，学生学得愉快的目的，大大提高了课堂教学的效益。"邓发纪念中学认为："三网融合"网络平台缩短了云浮市与发达地区教育的时空距离，通过观摩名校高端教学技术和课堂组织技巧，触动本校教师反思教学，了解差距，从而拓展思路、开阔视野并努力提高自身素质，促进全校教师教研和教学能力实现质的提升。

七、课题研究存在的问题及今后设想

1. 设备设施不够完善，制约着实验在更大范围内的开展

装备一间质量相对较好的、可以互动的源头教室，需要 30 万元以上的经费，终端教室也要几万元。作为经济欠发达地区，学校教育经费不足是一个难以克服的困难。虽然做了很大努力，配备了 9 间源头教室及 100 多间终端教室，但显然与需求相比还有很大差距，只配备一般电视或电脑的终端教室虽然很多，但收看及互动的效果不够理想，尤其是参与人数较多的时候。设备设施不够完善制约着实验在更大范围内的开展。

2. 优质教育资源的利用受到资源拥有者的较多限制

拥有较多优质教师资源的名校与欠发达地区对接，名校与薄弱学校对接，分享其优质教育资源，多少带有帮助、扶持的成分，付出较多，得到较少，对一些不够开明的名校，很难调动他们参与的热情，优质教育资源的利用受到资源拥有者的较多限制。

3. 教学资源开发受到资金、技术、装备等多方面的制约

教学资源开发受到资金、技术、装备等多方面的制约，学校自己开发的资源仅是名师课堂教学实录、名师辅导讲座实录等记录性的材料，以及教学课件、测练试题等收集到的材料，而且云浮教育网、云浮教研办公网等本地教育网站由于受到网站服务器空间容量的限制，课堂教学实录等大容量的资料，存放的数量不能太多，必须经常删除再更新。

完成课题结题，并不等于课题完结，我们准备把课题的一些成果进一步推

广应用，特别是一些成效显著、操作性较强的成果，如名校牵手薄弱学校，有效引领薄弱学校提高的机制，对优质教师资源的学习吸收、内化提升机制模式等进一步推广、充实、完善，并对"三网融合"教学应用的有效途径进行进一步探索，为提高云浮市的教育教学水平多做有实效性的工作。

树立新理念　走进新课改

——云浮市物理科高中课改实验总结

2004 年秋开始，我市随全省开展新一轮课程改革实验，几年来，我们结合山区实际，精心组织，深入研究，认真实施，全市物理科新课程实验工作稳步推进。回首走过的课改实验之路，既有山重水复之迷茫，又有柳暗花明的惊喜。通过不断的学习和摸索，我们初步走出了符合我市实际的课改之路。现将我们的尝试与体会作一总结与反思。

一、加强课改培训，更新教学观念

新的课程、新的标准、新的教学模式，需要用新的教学理念、教学原则来支撑，而这些理论的实践者就是教师。可见，教师转变教育教学观念，提高对课改的认识是实施课程改革的关键。实施新课改首先必须学习课改理论，提高对课改的认识，促进教师专业发展。我市课改培训的基本策略是，抓好上岗前的全员培训，立足校本培训，深化后续培训，将培训、实验、研究相结合，构建研究型培训模式，多层面地开展培训工作。为此，我们进行了以下几个层面的培训：一是组织教研员、骨干教师参加国家级、省级培训。二是聘请专家，对教师进行全员培训。三是上岗前的校本培训。在开学前教师学习时间，各中学以科组为单位，在组织教师学习课改理论的基础上走进课标和新教材。通过骨干辅导，典型引路，使教师理解课标，把握目标，掌握教法，上好第一课。四是实施进程中的培训。我市各校将后续培训纳入校本教研、科组活动的范围，

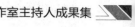

要求教师将新课程理念转化为课堂教学行为，把教师的困惑和需要作为培训的内容。培训方式包括集体备课、观摩研讨、定期交流和展示，做到过程培训制度化。广大教师做到边学边干，边教边培训，边转变边提高，较好地适应课改的需要。

二、开展校本教研，促进专业发展

建立以校为本的教研制度是我国教研制度改革的方向，是推进新课程实施和实现教师专业化发展的必由之路。根据云浮市地处山区，学校分散，教研力量薄弱的实际，我们采取以下措施开展校本教研。

1. 建立和完善市、县、校三级教研网络，搭建教研平台

各县教研室负责初中校本教研的管理、指导、组织、协调，以校为基础，适当组织分片活动。高中校本教研以市为中心，以校为基础，辅以全市交流活动、分片交流活动、分层次交流活动等形式的活动。目前，已形成市、县、校三级联动，高中、初中同时推进的格局，三级教研网络在推进新课程实验中发挥着越来越重要的作用。

2. 抓校本教研制度的建立和健全，促进教研活动的全面开展

我们着力做好如下工作：一是建立健全与课程改革相适应的校本教研制度，如课堂教学评价制度，教师成长档案制度、集体备课制度，科研管理制度，教学研究制度，教师教学常规制度等。二是抓好集体备课。为了做好新课程实验工作，各校切实抓好集体备课，各科的集体备课活动做到定时间、定内容、定中心发言人。教师通过参与备课，发挥集体智慧，提高备课质量，强化教学研究能力，形成了"集体备课、资源共享、个人加减、教后反思"的教研风气。三是专业引领，发挥教研室研究、指导和服务的功能。市、县教研员经常深入学校、深入课堂，对学科教研的组织和开展给予指导，结合某一问题或某一教学设计开展探究讨论，反思交流。四是同伴互动，要求教师做到互相听课、评课。教师通过听课，一方面学会如何反思自己的教学行为，另一方面也明白了如何改进自己的教学行为，达到不断改进和革新自己，共同提高的目的。

经过几年的努力，我市各学校初步建立起以校为本的教研制度，促进了全市良好教研风气的形成，有效地提高了教师的专业素质。

三、立足课堂实践，提高教学质量

课堂教学是课程改革的核心环节，课堂教学行为及教学质量的变化是衡量课程改革是否成功的重要标志。物理课程改革力图体现"为了每一个学生的发展"的基本理念，以进一步提高学生的科学素养为宗旨，激发学生学习物理的兴趣，尊重和促进学生的个性发展；帮助学生获得未来发展所必需的物理知识、技能和方法，提高学生的科学探究能力；强调知识与技能、过程与方法、情感态度与价值观三维目标的和谐发展；使获得知识与技能的过程，同时成为学会学习和形成正确价值观的过程；并且在教学过程中注意培养学生从物理的视角看待物质世界，培养学生应用物理知识和物理方法参与社会决策和解决实际问题的能力；倡导以科学探究为主的多样的学习方式，重视物理学习方法的启迪，提高学生终身学习的能力、在现代社会中生存和竞争的能力；培养学生的爱国主义精神、集体主义精神和健康的世界观、人生观、价值观和社会责任感。

为实现课改目标，我们积极进行课堂教学改革，从教学观念、教学目标、教学内容、教学组织形式、教学过程的管理、教学模式、手段等方面去深化，要求将对课改理念的理解转化为具体的教学行为，教师在课堂教学中做到以下几点：一是研究课标，抓好知识与技能、过程与方法、情感态度与价值观三维教学目标的落实，加强课堂教学质量的监测与监控。我们十分重视课堂教学的质量，通过听课、评课、召开学生座谈会，以及质量调研测试等形式监控课堂教学的质量。二是抓新课程理念下的课堂教学模式的构建和教学方法的运用，如多元互动的教学模式，先学后教的教学模式，活动—探讨教学模式，分组学习教学模式，分层导学、分层施教的教学模式。三是注意点拨和引导。我们抓住探究设疑的切入点，明确师生活动的结合点，找准知识和能力的训练点。四是强调教师要学会进行教学反思，有效调节自己的教学行为。我们通过以上做法，转变教师的教学行为，提高课堂教学效果。

四、新课程实施取得的成效

随着新课程的有效推进，广大教师迸发出积极投身课改的热情，学校的教学水平和教学质量得到进一步提高，课程改革朝着预定的目标迈进。同时，我们高兴地看到，新课程改革产生的更为深刻的变化，主要反映在教师的教育观念、教学行为、教学方式、学生的学习方式的改变上。

1. 促进了教师观念的转变和专业素质的提高

在课改实验中，新课程的改革不仅是一种教材的改革，更是一种观念的更新。经过几年实践，教师的观念得到了更新，教师初步确立起"以学生的发展为本"的教育理念，树立了新课程背景下的课程观、教学观和学生观。大多数教师树立了新课程的理念和意识，对课标的理解日益加深，对新课程实施的自觉性日益增强。

为了适应新的教学要求，教师主动学习，不断扩大自己的知识面，注意改进教学。为了课改，学校之间、科组内教师之间、各学科之间的互相研究变多了，教研气氛变浓了。共同协作、取长补短促进了教师整体素质的提高。开展课改实验，培养和造就了一批教学骨干和科研骨干，他们在我市教学改革中发挥着重要的作用。

2. 课堂教学改革迈出新步子

新的理念、新的教学方法带来了新的教学行为，课堂教学充满了生机和活力。经过几年的课改实验，课堂教学有了较大变化：一是课堂教学目标的变化。大多数教师开始注重起了三维目标中的过程与方法、情感态度与价值观目标。二是教师初步实现课堂上角色的转换。课改前，教师是主角，学生是配角，每节课都按教师设计的思路一步步落实。过去的课堂是教师的课堂，今日的课堂，学生是主角，教师是学生学习的促进者、组织者。三是教学过程和教学方法发生了变化。教学过程是师生交往、共同发展的互动过程，合作交流、讨论、探究成为课堂教学的主要形式。现在在课堂上看到的更多的是教师在引导学生去发现，去探究，课堂上出现了师生互动、生生互动的学习场面。四是课堂走向活跃和开放。由于将生活引进教材，将活动引进课堂，学生的学习兴趣浓厚了，思维活跃了，师生关系融洽了，课堂气氛也热烈了。

3. 学生的学习方式有了较大转变

经过几年的实践，学生的学习方式悄然发生了变化，逐步由课改前被动的接受性学习转向主动学习、合作学习、探究学习。学生在课堂上提出问题，大胆质疑，敢于开口，勤于动手；课外主动寻找学习资源，主动探求知识。学生

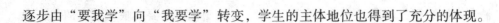

逐步由"要我学"向"我要学"转变,学生的主体地位也得到了充分的体现。

四、存在的问题

1. 组织管理中存在的问题

一是部分学校在实施新课改实验工作中无论在思想上,还是在行动上都存在着"等、靠、看、难"的思想。面对新课改,学校层面、教师层面的自主意识、主观能动性发挥得还很不够。二是工作的落实力度不够。三是部分学校班额过大,开展自主、合作、探究学习难度大。四是课改经费不足。

2. 新课程教学设施、条件装备中存在的问题

云浮市地处山区,经济欠发达,长期对教育的投入不足,再加上近年来学校规模的急速发展,使得很多学校教室较紧张,实验室被挤占的现象普遍存在,图书和实验仪器匮乏,实验教学受到严重冲击。

3. 新旧教材对比

高中物理课时严重不足,与旧教材相比,新教材的知识容量更大,密度更大,难度也有增无减,高考的要求也不见降低,课时却减了三分之一以上。由于课时紧张,学生课业负担重,再加上教师教学方式滞后,学生的学习方式也难以在短时间内有根本性的改变,自主学习、合作学习和探究学习方式难以很好地落实。学生思考、反刍的时间少,"灌"的现象普遍存在,不利于创新人才的培养。

云浮市普通高中新课程实验总结

面对新一轮的课程改革，我市顺应时代对教育的要求，按照《基础教育课程改革纲要（试行）》和《普通高中课程方案（实验）》的要求，积极开展课改实验。我们针对物理学科的特点，结合新课程理念，把理论与实践相结合，建构符合新课程理念的教学模式，以知识与技能、过程与方法和情感态度与价值观为教学目标，重视实验教学和科学探究的重要作用，培养学生的创新精神和实践能力；改变评价的形式和方法，采用形成性评价与终结性评价相结合的评价方式，发挥评价的促进功能，促进学生学习的发展。

一、高中物理新课程实施情况

1. 建立了强有力的课程改革领导机构

建立强有力的课程改革领导机构，强化管理，加强沟通，才能保障课程改革实验顺利实施。我们在各级教育部门、学校建立了一系列课程改革领导机构的基础上，市、县均成立了学科专家指导小组，负责对课程改革实验的理论学习和课程实施指导；引导学校成立学科课改实验研究小组，具体负责本学校本学科的实验、研究和指导。小组成员认真负责，经常深入课堂听课，与教师座谈，掌握一线教学情况，并根据本地实际，有针对性地开展工作。同时，我们注重课改实验阶段性评估，总结经验，找出问题，提出改进措施，保证了课改的健康发展。

2. 制订切实可行的课改实施方案、计划

编制科学、合理、可行的新课程实施方案、计划，有计划地开展各阶段的工作，是实施新课程改革至关重要的环节。在新学年开学前，我们以有关文件

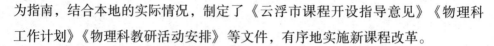

为指南，结合本地的实际情况，制定了《云浮市课程开设指导意见》《物理科工作计划》《物理科教研活动安排》等文件，有序地实施新课程改革。

3. 全员培训，更新观念，努力提高实验能力

为顺利开展新课程实验工作，必须全员加强学习，充分认识课改的重要性和必要性，用新的理念指导教育教学工作，切实更新教育观念，改变教学行为。根据云浮市原定的课改培训策略，抓好上岗前的全员培训，立足校本培训，深化后续培训，多层面地开展培训工作，构建研究型培训模式，力争通过培训提高教师理解新课程标准及把握教材的能力，建设一支具有实施、研究和开发新课程能力的教师队伍。我们逐步建立了与课程改革相适应的校本教研制度，建立了市、县、片、校四级教研网络，搭建了与课改相适应的教研平台，并针对在新课程实施过程中，学校、教师遇到的困惑、存在的问题及教师素养的进一步提升等，开展有目的的培训。例如，2009 年上半年，物理科就分别请华南师范大学物理与电信工程学院熊建文院长、省教研室姚跃涌老师和广雅中学物理科组长叶道昭老师到云浮市就有关问题开展了专题讲座，并组织部分学科教研骨干教师与有关专家座谈，进行面对面的辅导、解惑。

4. 不断改进课改实验的设备设施配备

由于多方面的原因，云浮市的教学设备设施是比较落后的，对理科来说，影响最大的是实验设备设施与课改要求差距较大。为解决这一问题，我们联合化学、生物等学科教师，不断向有关部门、领导反映情况，强调实验的重要性，希望逐步解决问题。现在，有关人员对这一问题已有初步认识，并已开始配备，虽然与课改要求还有较大差距，但毕竟已有改进，且在不断改进之中。

5. 以校为本，强化教研

建立以校为本的教研制度是我国教研制度改革的方向，是推进新课程实施和实现教师专业化发展的必由之路。为此，我市教育局下发了《关于加强和改进中小学教学研究的意见》，进一步明确校本教研的要求，我们着力抓好以下几项工作：

（1）建立和完善市、县、片、校四级教研网络，搭建教研平台。目前，已形成市、县、镇、校四级联动，层级共同推进的格局。

（2）抓校本教研制度的建立和健全，促进教研活动的全面开展。我们着力

做好如下工作：

一是建立和健全与课程改革相适应的制度，如教师成长档案制度、集体备课制度、科研管理制度、教师教学常规制度等。

二是坚持集体备课。各校在学科教研组长的指导下开展集体备课活动、定时间、定人员、定内容，每周一次。通过集体备课，教师共享资源，共享研究成果，共同提高。

三是强化校本教研，突出抓好"三课"（研讨课、实践课、示范课）。我市要求各所学校坚持每周学科教研组组织一次集体教研活动，做到定时间、定内容、定主讲教师，活动内容充实，形式多样，做到了学习与研究结合，理论与实践结合。这些活动促进了教师的共同发展并培养了一批教学新秀。

四是组织形式多样的教研活动。学科组根据实际，举行不同类型、不同层次、不同规模的学科教研活动，如示范观摩活动、优秀论文评比、优质课评比、学科专题研讨、聘请专家讲座、组织网上交流、组织学科竞赛、开展新课程后续培训等一系列形式多样的教研活动，活跃教研氛围，提高教研实效。

经过几年的努力，我们初步建立起以校为本的教研制度，促进了全市良好教研风气的形成，有效地提高了教师的专业素质，提高了教师的课程实施能力。

二、抓好课堂教学，提高教学实效

素质教育的主渠道在课堂，抓好课堂教学，提高教学实效，是课程改革的核心环节。我们以培养学生的创新精神和实践能力为导向，积极推进课堂教学改革，从教学观念、教学内容、教学组织形式、教学过程的管理、教学模式、手段等方面去深化，要求将课改理念的理解转化为具体的教学行为，我们坚持聚焦课堂，深入推进课程改革。

（一）对教师在课堂中的几点要求

按新课改的要求，针对云浮市的实际情况，我们要求教师在课堂教学中做到以下几点。

1. 相信每个学生都可以成才

在对待学生的问题上我们要用尊重、热爱唤起学生的自爱、自信，鼓励开发学生的潜能，成为学生的好朋友，学生学习的助手，让每个学生都能参与到

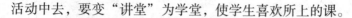

活动中去，要变"讲堂"为学堂，使学生喜欢所上的课。

2. 在培养学生的责任意识过程中激发其学习的内动力

课改强调学生的学习责任，让学生懂得学习是自己的责任，离开自己的努力是不可能成功的。在课程内容设置的"思考、探究、讨论、活动"等专栏里，学生一定要做学习的主人，学会自主学习、合作学习、探究学习，理论联系实际，切忌"分割"知识，死记硬背。

3. 突出学生的主体地位

课堂教学要尽可能让学生自己观察、自己思考、自己动手、自己表述、自己总结得出结论，并在课内留有时间让学生自己学习、合作学习，使他们真正成为课堂的主人。

4. 让学生养成反思、总结、提问的良好习惯

反思、总结、提问也是提高学习效率的最佳途径。教师要让学生在课内做到重视思考、总结，课后重视反思、总结，练习、考试后要及时反思、总结，让学生在反思、总结的基础上学会学习。

（二）课堂教学需要做的改变

我市物理教师通过学习，逐步改变了自身的教学行为和学生学习的方式，树立了学生的主体意识，"以学论教"，重视学生创新意识的培养。在课堂教学中，我市教师主要有以下改变。

1. 教师由知识的传授者变为学生学习的促进者

面对新课程改革，教师一开始也感到迷惘，但我市大部分教师都能积极主动地去适应新课改，转变角色，改变"师本位"观念。传统居高临下的教师地位在课堂教学中逐渐消失，取而代之的是教师站在学生中间，与学生平等对话与交流。我们倡导教师要做好以下三件事：

（1）创设良好的教学情境，鼓励学生主动参与。

教师在课堂上要以平等对话的方式进行教学，给学生一个平等、宽松的环境，建立一种师生相互接纳、相互理解的友好关系，最大限度地激发学生主体性的发展。

（2）从给予学生问题转变为引导学生自己发现问题。

在课堂教学中，教师主动提供信息资料及各种器材，引导学生发现其中的问题，让学生多留心身边的物理现象，学会从学习与生活中提出问题，让学生创造性地问、创造性地学。

（3）从给予学生思路和结论转变为引导学生自己解决问题，自己得出结论。

教师特别重视学生的探究过程，在获取知识的过程中下功夫，让学生探究结果，充分体验到探究过程的价值，激发学生的学习兴趣，培养学生的学习能力。

2. 学生的学习方式由被动接受方式变为自主、合作、探究式

在新课改中，我市教师大胆进行创新，改变传统教学中教师传授、学生接受的旧方式，在课堂中创设情境，为不同层次的学生提供参与学习、体验成功的机会；在合作学习中有明确的责任分工，促进学生之间有效地沟通；在探究学习中，通过设置问题情境，让学生独立、自主地发现问题；通过观察、比较、交流等活动，促进学生知识与技能、情感态度与价值观的整体发展。

在课堂教学中，教师注意根据不同教学内容、不同教学目标，结合学生的特点选用不同的教法和学法，使学生的学习方式有了较大改变，主要表现为：

（1）学生由"要我学"变为"我要学"。

不管哪种类型的课，教师都能从多方面激励学生，提供机会让学生体验成功的喜悦，激发学生对物理的好奇心、求知欲以及学习物理的兴趣，使学生从根本上认真学习物理。

（2）学生由学习物理变为学用结合。

长期的应试教育，使大多数学生只会解题，却不知道为什么学物理，学物理有什么用，不会从课堂走向生活，运用于生活。在平时的课堂教学中，教师精心创设情境，让学生在实际生活中运用物理知识，认识到物理对生产、生活的重要性，从而激发学生学好物理的强烈欲望，改变学习方式。

（3）自主、合作、探究的学习方式逐步形成。

新课程倡导自主、合作、探究的学习方式。这三者是有机联系的一个整体。自主是探究的前提，探究必定是自主的，是外力所不能代替的，而对未知的探究，对中学生来说，相互的合作、启发必不可少。从调查中我们发现，学生已经开始适应自主、合作、探究的学习方式。学生学习的独立性、自主性有所增

强，多数学生乐于与他人合作，在合作中体验互助的快乐与收获的喜悦。

三、加强教学模式的研究，改进课堂教学方法

教学模式是指为达到一定的教学目标，在一定的教学思想或教学理论指导下而构建的教学活动程序。教学模式是教学理论的具体化，又是教学经验的系统概括。它既可以直接从丰富的教学实践经验中通过理论概括而形成，也可以在一定的理论指导下提出一种假设，经过多次实验形成。随着新课改的深入，加强教学模式研究，改进课堂教学方法，提高课堂实效，成为课改实验一项重要的工作。在教学模式和教学方法的发展方向上，我市学校体现出以下特点。

1. 教学模式向多样化发展

国内外先进的教学理论，现代心理学的新成果，系统论、信息论及控制论等科学技术的新成果，为我们构建新的教学模式提供了指导。我市也在借鉴吸收和实践探索中，涌现出了许许多多具体的教学模式，并且呈现出多样化的发展趋势，如多元互动的教学模式，先学后教的教学模式，活动—探讨教学模式，分组学习教学模式，分层导学、分层施教的教学模式等。各种不同的教学模式发挥着各自特有的功能，有力地促进了教学改革的蓬勃发展。例如，罗定市廷锴纪念中学物理组总结出的"五步三线"教学模式有效地提高了课堂实效。所谓"五步"就是以下五个课堂组织环节：创设情境，问题引入；自主探究，过程体验；质疑问难，点拨指导；练习应用，夯实双基；回归生活，拓展升华。所谓"三线"就是以问题为明线，以思维为主线，以发展为暗线的三条课堂线索。问题线的流程：围绕一个问题（主题），创设一个有利于激发学生研究兴趣的情境，通过让学生自己动脑、主动探究、互相协作和寻求老师帮助等手段，达到问题解决的目的；思维线的流程：以问题研究作为思维的载体，激发学生的情感，调动学生思维，达到完成认知的目的；发展线的流程：通过问题和情感产生动机，进而促使学生自己分析和处理信息来实际体验知识的获得过程，进而完成人格的完善，通过思维能力、分析问题能力、解决问题能力的提高来奠定终身发展的基础。课堂组织流程图如图 1 所示。

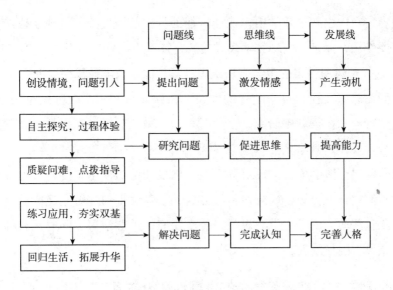

图 1 课堂组织流程图

2. 突出学生的主体地位，注重学生的发展

重视学生的主体参与是当代教学模式的共同特征。在教学过程中，教师和学生的地位和作用发生了深刻的变化，"教师中心论"的教学模式已逐渐被打破，向师生合作、强调学生主体参与的教学模式发展。在教学过程中，师生的职能也开始重新定位。教师的职能简单地说是"四者"，即教师是学生学习的组织者，是学生学习的引导者，是学生学习的支持者和学生学习的帮助者。学生是学习的主体，要在教师的组织、引导、帮助、支持之下，自觉、主动、活泼地参与教学过程。在学习过程中教师要给予学生充分的、自主的活动时空；给学生提供积极探索、尝试和思考的机会；注意创设师生互动、民主、平等、和谐的学习氛围，努力实行开放式教学。同时，教师要强化学生的探索创新意识，使学生显现出学习的个性、创新性和实践性；注重在教学过程中努力发展学生的基础性学习、研究性学习和发展性学习，使学生不仅获得知识，而且得到全面发展。

3. 教学模式向教育技术现代化方向发展

"教育要面向现代化，面向世界，面向未来"。中学物理教学模式必须充分利用现代化的教学手段，促进教学模式日益现代化。特别是目前，计算机已进入教学的各个领域，计算机辅助教学与学科教学的整合已经成为教学现代化的

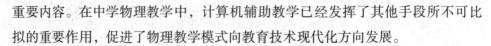

重要内容。在中学物理教学中，计算机辅助教学已经发挥了其他手段所不可比拟的重要作用，促进了物理教学模式向教育技术现代化方向发展。

4. 选择和运用恰当的教学方法组织教学，课堂教学效果明显提高

我们注意切实提高每一节课的效益。在课改过程中，教师理论联系实际，在研究中行动，在行动中研究。教师对教材、教法、学法、作业、教学问题及对策、教学设计、教学实施、课堂练习等作了重点研究。在教学方式方法上，教师教学面向全体学生，平等对待学生，创设和谐的教学氛围，大力推进启发式教学和倡导自主合作、探究的学习方式，培养学生的学习兴趣，激励学生积极参与课堂活动，使学生学会思考，乐于探究，学会学习。同时，教师关注学生个体差异，因材施教，帮扶学困生。

四、建立与课程实验同步的发展性评价体系

根据《基础教育课程改革纲要》对教育评价的规定，我市各校均逐步建立了以促进学生、教师和学校发展为目标的评价体系。

1. 对学生的评价

为促进学生全面发展，我市尝试建立起了学业考试、综合素质评定、成长记录袋等多种形式并存的评价体系，明确评价不仅要关注学生的学业成绩，而且要发现和发展学生多方面的潜能，了解学生发展中的需求，帮助学生认识自我，建立自信；发挥评价的教育功能，促进学生在原有水平上的发展。例如，罗定实验中学把学生学业成绩与成长记录相结合进行评价，并建立学生学习档案，其具体操作情况如下：

精心、细致地收集资料，注重学生过程性资料的积累，为评价提供强有力的信息，促进学生全面发展，体现以人为本的思想，构建新的评价方式之———"个人成长袋"。"让每一位学生都留下成长进步的足迹，使每一位学生都获得自信"是设置"个人成长袋"的宗旨。

"个人成长袋"的建立：

以多元智能为逻辑结构和灵魂来设计学生"个人成长袋"。具体来说，要做到简约、覆盖主要课程、体现学校特色。

"个人成长袋"从四个方面进行构建：

（1）个人的档案：包括学生个人、家庭、学校等方面的内容。

（2）学科教师评语：按照课程设置学科分类，每位教师都参与到记录中来，每个学科中的内容由相关教师根据课程的特点进行设计，要突出地反映学生对每门学科知识、能力掌握的真实情况。

（3）成长的足迹：主要是对学生一学期来的思想、学习、生活等作一次阶段性评点，指出下一阶段努力的目标。

（4）心中的话：主要是让学生以成长日记的形式对自己的思想、学习、生活等进行反思性剖析。

（5）"个人成长袋"中收集的材料由学生、教师、家长共同完成，在教师和家长的指导下，主要由学生选择自己认为有价值的作业、物品等，把主动权还给学生。

（6）"个人成长袋"使用时语言尽量要通俗易懂，符合学生年龄和身心特点，并附上简明扼要的操作说明，使学生一看就懂；尽量采用学生便于操作的方法，可以自己摆放、自己粘贴、自己调整，使"个人成长袋"便于操作。

（7）各学科任课教师参与"个人成长袋"的记录时，要根据学科特点设计各种表扬形式，让学生自己收集在"个人成长袋"里。

"个人成长袋"的评价：

"个人成长袋"的评价采取以自评、组评、班评为主和教师评、家长评为辅的立体网络评价方式，以激励性评价、发展性评价为主，主要突出学生个性，发挥学生的潜能，让学生充分展示自己的才能。当然，评价要充分尊重学生，要得到学生的允许方可对学生的"个人成长袋"进行评价。

"个人成长袋"的管理：

"个人成长袋"应该由教师和学生共同建立，但在收集过程性资料时，就必须由学生自己做主，放进自己认为有价值的资料，并放进自己的成长柜里。柜里的资料没有得到学生本人许可，其他同学无权翻阅、查看。

"个人成长袋"的展示：

（1）小组内进行展示。

（2）班级内进行展示。

（3）家长开放日进行展示。

（4）学校进行展示。

2. 对教师的评价

我们改变单纯以学生学习成绩评定教师教学水平的做法，尝试建立以教师自评为主，校长、教师、学生、家长共同参与，促进教师不断提高的教师评价制度，逐步引用教师素质指标、职责指标、绩效指标来评价教师，一种"内容多元、形式多样、引导分析和反思、激励教师提高思想道德修养和教学水平"的教师评价体系正在形成。

五、学生学业水平和素质全面发展状况

1. 学生的学习兴趣浓厚了，学习方式发生了较大改变

随着课改的推进，学生的学习方式也在变化，逐步由课改前被动地接受性学习转向主动学习、合作学习、探究学习，学生的学习兴趣浓厚了。我们看到学生学习的过程更多地成为发现问题、提出问题、解决问题的过程，学生在课堂上提出问题，大胆质疑，敢于开口，勤于动手，课外积极自主学习，主动探求知识。学生的学习越来越展现出主动性和创造性，学生享受自主合作与主动探究所带来的成功和愉悦。学生的学习行为开始由被动转向主动，学生的学习情感开始由厌学转向乐学。在新课改理念的影响下，学生已经开始学会在合作交流中分享学习的快乐，敢于展现与众不同的想象与创造，这也是新课改赋予学生的崭新面貌。

2. 学生的思维能力有一定程度的提高，对"双基"的把握有所弱化

新课程重视培养学生发散思维的能力，重视培养学生的创新精神和实践能力，鼓励学生大胆创新、质疑问题。从几年来的实践情况来看，现在的学生与课改前的学生相比，思维更为活跃，思路更宽，解决问题的方法更灵活多变，学生结合实际问题能做出更合理的解答，提出更有思考价值的问题。但可能由于用于"双基"（基本知识、基本技能）学习的时间、精力有所减少，同时，有些教材内容编写过于简单，学生理不清各知识间的联系和过渡，加大了自学的难度，导致学生对"双基"的把握有所弱化。

3. 学生的实践操作能力普遍提高

新课程着重强调探究学习，物理课的实验探究比以前大为增加，增加了学

生动手、动脑的机会，加强了实验基本功的训练，增加了学生的创造性体验，同时，课堂教学向课外延伸，通过综合实践活动课等活动类课程，学生动手实践，合作交流和分享，实践操作能力、语言交际能力、写作能力等与课改前相比，有了明显的提高，得到了更为全面的发展。但罗定市在一项调查中发现：在科学探究活动中，仅有 14.73% 的学生表示是自己选择实验器材和用品；在观察实验现象时，仅有 5.44% 的学生按照自己的观察方法进行观察；40.28% 的教师认为学生能经常从日常生活、自然现象或实验现象的观察中提出一些问题，43.06% 的教师认为学生可以独立完成，并在写出实验结果后给予合理分析。这些说明学生的实验探究能力、独立观察和思考的能力还有待进一步提高。

云浮市基础教育课程教材教学
改革发展研究报告

我市从 2002 年开始，在罗定、云城两市（区）首先开展了课程改革实验工作。2004 年秋季，我市小学、初高中学校所有起始年级都进入了新课程实验。十多年来，我市精心组织广大教师和教育工作者，以满腔的热情积极投身课改实验，在上级有关部门的指导下，转变观念，积极探索，扎实有序地推进全市新课程教材教学改革，取得了阶段性成果。

一、实施课改的基本情况

1. 建立组织机构，保障制度先行

为了保证课改工作的正常开展，我市成立了由管教育的副市长为组长，教育局局长为副组长的课改领导小组，分管教学的副局长主抓，相关科室分工负责组织实施。各县（市、区）、各学校也相应成立课程实验工作领导小组。同时，根据省有关文件精神，我市制定了《云浮基础教育课程改革实验实施意见》《云浮市普通高中新课程实施指导意见》《云浮市课程开设指导意见》等文件，对具体任务、责任部门、责任人予以明确。我们选择部分学校作为课程改革的"样本校"，并明确"样本校"的职责、学科指导小组职责。各县（市、区）、学校也在深入研究的基础上，根据有关文件精神，制订了课程安排方案。这使学校的课程改革和教学工作有章可循，有规可依，为课程改革和教学工作提供了制度保障。

2. 保障经费投入，实行全员参与

为推进实验，各县（市、区）政府、教育局、学校在资金较紧缺的情况

下，坚持课改实验优先的原则，加大课改经费的投入，优先投入课改实验的教师培训和设备设施的配套建设；同时，大力争取社会支持，多方筹集资金，支持课改工作。

例如，罗定市坚持实验优先的原则。为推进实验，教育局、各学校加大经费投入，优先投入课改实验的教师培训和设备设施的配套建设，争取社会支持，多方筹集资金，如由"乡贤反哺家乡"教育成立的广东省罗定市泷州教育基金会，发挥助学、奖学和奖教的作用。从 2007 年开始，各镇（街）先后成立了镇教育协会，筹集资金改善学校办学条件，配套完善设备设施，奖学和奖教，同时，充分利用省中小学薄弱学校改造工程、省中小学规范化学校建设、省发展优质高中扩容促优工程、省中小学校安工程，以及我市创建广东省教育强镇、创建广东省教育强市等契机，大力推进校舍建设、场馆建设和教育现代信息化装备建设。课改十年，罗定市共投入资金近 5 亿元，建设了一批场馆，校园网，多媒体教研室、计算机网络教室，电教平台。目前，全市中小学共装备电脑室 84 间，电子阅览室 7 间，装备电脑 7525 台；中心小学以上所有学校开通 100M 或 10M 的光纤网络，其中有 5 个镇所有教学点开通 4M 宽带网络，实现"校校通"，与市内外实现资源共享，教育局安装了一套远程会议视频系统，实现了多方远距离的实时沟通和协同办公；全市共装备多媒体电教平台 433 套，中学装备理化生实验室共 147 间、探究性实验室 5 间，小学装备科学实验室 53 间，中小学共装备语言实验室 50 间；中小学常规教学仪器价值 6288 万元；全市中小学共有图书馆（室）283 个，总面积 33192 平方米；总藏书量 413 万册，生均图书拥有量高中 41 册，初中 25 册，小学 21 册。所有这些，为新课程改革的实施提供了现代教育技术和课程资源的有力支持。

郁南县都城镇中心小学投入资金近 2000 万元，强化学校的硬件建设，增加学校的设备设施，如完善了校园硬底化工程、文化广场、校雕、语音室、图书室、仪器室、实验室、电脑室、电子阅览室的建设。郁南县西江实验学校每学期从有限的公用经费中预留 3 万元作为课改外出参观学习费用及教师培训费。同时，为利用现代化教育技术，提高课堂教学效率，安装校园网、班班通等电教设备投入 130 多万元，累计课改经费投入 230 多万元。郁南县连滩镇中心小学从 2006 年 9 月开始"讲学稿"课堂教学模式的推广应用研究，至今共投入经费约 39 万元。郁南县平台镇小学自 2003 年开展新课程改革后，新装备一个多媒体教室，配置了一个有 46 台计算机的电脑室，装备了 2 个 VCM 教学平台，打造了新的校园文化长廊，增强了文化氛围。这期间，教师培训投入经费 2 万多元，外出考察学习投入经费 4 万多元，购买教学资料投入资金 8000 多元，配备仪器体育设备 20 多万元，多媒体设备及电脑室投入 40 多万元，硬化校园等其他投入 20 多万元，合计 86.8 万元。郁南县连滩镇初级中学自 2003 年开展新课程课改后，学校按照要求投入启动和培训专项经费，用于新课程的通识培训、首期学科培训等；每年投入 10 多万元用于课改实验、教科研活动和教师培训专项经费。2003—2012 年，该校投入 100 多万元，用于增添新课程实验所需的场地、设备和教学相关的仪器、图书资料等，以保证实验工作顺利开展。郁南县千官中学定期选派骨干教师外出学习、培训考察，订资料、教材等每年经费投入约 4 万元。郁南县连滩中学自 2003 年开展新课程课改后，学校用于教师培训、经验交流、教育科研、仪器购置、校本教材等的课改经费投入共计2789915 元。

又如，课改之初，新兴县政府投入 80 多万元的启动资金，保障了课改启动，先后多方筹资共计 1500 多万元，改善和优化了办学条件，为全县教育赢得了新的发展机遇。云安县（现为云安区）用在教师培训、外出学习、新增机房和"三网融合"多媒体教室以及实验室、运动场等方面的经费累计达 2850 多万元。

截至目前，全市初高中所有起始年级都实行了新课程实验。其中，云城区参与实验的教师有 2996 人，学生 88565 人。罗定市参与实验的中小学生有206003 人，中小学教师 10384 人。郁南县中小学开始启动了基础教育课程改革实验工作，小学方面：三年级英语学科率先使用新课程教材，参与课改的教师有 400 多人，学生 10000 人，一年级的语文、数学学科使用新课程教材，全县所有小学全面采用新课程教材；中学方面：七年级、高一年级各学科均开始使用新课程教材，参与课改的老师有 800 多人，学生 10000 多人，全县所有的中学（高中、初中）全面铺开。经过十年的实验，在县人民政府、教育部门的高度重视和精心组织下，全县师生积极参与新课程教材的改革，努力寻找一条适合学校发展的课程教育改革之路。新兴县中小学三个学段同时参与新课改实验，参加实验的学校达 200 多所，参加实验的学生达 150664 人次，参加实验的教师共达 36000 多人次。云安县（现为云安区）累计参与实验的人数达 106500 人，其中教师 3000 多人，学生 103500 人。

3. 开展课程改革的宣传和培训工作

按照市课改领导小组的要求，市教育局先后召开了全系统课改工作动员大会，传达了教育部、省教育厅的课改工作要求。市教育局从 2002 年起组织教研员、各校教师先后参加了国家、省、市、区各级各类的通识培训、学科培训，为正式启动课改实验工作做好了铺垫。为配合新课程改革在全市的铺开，自 2004 年秋季开始，市教研室编印了《云浮课改通讯》，每月一期，将课改工作的有关情况通报全市，既使全市各校及时把握课改工作的动态，又营造了有利于课改工作深入开展的舆论氛围。各县（市、区）也结合实际，对课改工作开展了广泛的宣传，如新兴县教育局创办《教研简讯》，广泛宣传课改理念。

师资培训是课改实验成功的关键，也是重要的突破口。我市对这项工作非常重视，采取"请进来，走出去"的方法，分别制订了师资培训计划，根据本地实际抓好师资培训工作。根据"先培训后上岗，不培训不上岗"的原则，抓好上岗前的全员培训，起好步；按照边实验边培训，边总结边提高的原则，立足校本培训，在实践中学习提高，深化后续教育，使培训贯穿整个教学教研活动全过程。我市把确立课改的新理念，改变教学方式以及深化对教材的把握作为教师培训的重要内容。根据云浮市的实际情况，我们进行了五个层面的培训：一是组织教研员、校长和骨干教师参加国家级、省级培训。二是岗前的全员培训。对将要负责实验任务的教师，分科集中进行上岗前的全员培训。三是校本培训。以科为单位，在实验中通过集体讨论、骨干辅导、典型引路、经验学习等形式，使教师理解新课标，明确目标，把握教材，掌握教法。四是后续培训。以课改为教研活动的切入点和重点，带动整个学科的研究，通过科组的教研活动，如优质课比赛、说课比赛、研讨课及专题学习等，做到边学边干，边教边培训，边转变边提高。同时，通过外出参观学习、相互交流和讨论等，开阔了教师的视野，使教师吸收他人的经验，提高自身的素质。五是辅助性培训。市教育局利用初中校长及中心小学校长的全员培训，部分教师在市电大集中进行继续教育等机会，进行了课改方面的辅助性培训，让已进行过培训的人员进一步加深对课改的认识，进一步了解课改的动态，让未开展课改地区的校长和教师对课改有所认识，为全面实施新课标做好准备。

各县、市、区的教师培训工作也在如火如荼地开展。各地能结合实际，依托校本教研，开展校本培训工作。例如，罗定市 2008 年 12 月组织部分校长和教研室主任到江苏洋思中学学习新课程改革经验；2009 年 10 月组织全市中学、中心小学校长 80 多人分两批到清华大学进行为期 10 天的培训学习；2010 年 3 月，组织全市中学、中心小学分管教学的副校长和教研员共 90 人到中山、珠海等地的学校参观学习新课程改革经验，一些学校还组织骨干教师到山东杜郎口中学，省内华南师大附中、执信中学、广雅中学学习。同时，该市还先后邀请了人教社等出版社教材编写者讲学，省教育厅罗伟其厅长，李文郁、任洁、姚跃涌、黄青青、曾令鹏、周凤甫、钟守权、韩凌、杨计明等领导曾先后来检查、指导和讲学。2007 年 11 月，罗定市邀请华南师范大学教授一行 16 人到该市开设高中各科新课程、新高考专题讲座，2010 年 12 月 23—24 日，由广东省教育厅主办，华南师范大学、广东第二师范学院协办的"南粤名师大讲堂·走进罗定"活动在罗定市举行，活动主要采取"同课异构"的形式，共有 8 个学科 14 名省中小学教师工作室主持人参与上课、评课。活动还邀请了华南师范大学、广东第二师范学院及省教育厅教研室多名专家参与点评。2011 年 12 月，4 位省中小学特级教师走进罗定，与该市教师进行"同课异构"交流。

4. 加强课程改革实验的管理和指导

（1）加强实验领导，注重过程管理，做到行政部门（教育局）、业务部门（教培教研中心）齐抓共管。市教育局要求各校把课改工作作为重点，列入年度工作计划，市政府教育督导室及相关部门将课程改革实验情况纳入对学校的评估考核。每学期开学第一周，市教育局都要组织相关科室对学校进行开学检查，其中就包括了新课程实施的检查，如课程开设、学分评价、教师培训、课堂教学方式和学习方式的改革等。

（2）深入调查，加强指导。市教育局基教科、教研室等科室人员每学期都分头到各县（市、区），深入学校，对新课程实施情况进行调研，协助解决课改过程中遇到的实际问题。市教育局教研室通过"走出去，请进来"的方式，先后到北京、江苏、浙江、上海、福建、重庆各地学习课改先进经验，同时多次聘请北京、上海等外地专家、学者到我市讲学，开展了省特级教师云浮支教活动、"广东名师大讲堂——走进云浮"活动，珠海—云浮"同课异构"等教研活动1000多场次；同时，依托本地资源，开展了依托"三网融合"平台的全市学科带头人示范课活动，邓发纪念中学开展了与省华师附中、省实验中学"三网融合"远程教育资源共享活动，全市广大教师足不出校就能亲身观摩发达地区教师的优质课改示范课。教研员每学期至少到学校听课、评课30次，采用"听、看、查、谈"等方式，进行了解、剖析，找出共性问题，与实验教师研讨，加强了对课改工作的指导。目前，我市逐步建立和完善了以校为本的教研制度，提高了教学研究的针对性和实效性，提高了教师自我学习、自我发展、自我创新的自觉性、主动性和创造性，促进了教师专业的发展和综合素质的提高。

（3）重视学习，及时总结。为了及时总结课改经验，我市多次召开课程改革领导小组会议和学科领导小组专题会，总结前一阶段的实验工作。从2004年起，我市组织编印了《云浮课改通讯》，对课改的工作动态、一线教师的声音做了大量报道，对学生学习方式的改革、教研员角色的转变、新课程课堂教学评价、学生评价进行了探讨，对前一阶段课改工作进行了全面总结，发表了部分教师的优秀课改经验文章，改进了课改实验工作中的不足，营造了良好的课改氛围。

二、推进课改工作的主要经验和成效

（一）认识层面

1. 教师观念逐步更新

通过学习和实践，教师教育教学观念逐步更新。"学生是教学活动的主体""一切为了全体学生的全面发展""为学生的终身发展奠定基础"的教育观；"人才多样化，人人能成才"的人才观；"全面发展，张扬个性"的质量观等课改的基本理念逐步深入教师内心，为理性分析和科学推进课改打下了良好的基础。

2. 对教师的角色、地位的认识

新课标强调在师生互动和生生互动中实施自主学习、探究学习、合作学习。

这种改变要求教师不再只重视知识的传授，更要肩负起培养人的重任。教师准确的自我定位是十分重要的。通过学习和实践，教师进一步认识到自己在教学中的角色、地位（学生学习活动的组织者与指导者、学生学习活动的引导者、学生学习活动的参与者），为教学行为的改进与优化打下良好的基础。

3. 对教学方式和学习方式的认识

经过新课程改革，大多数教师认识到，教学过程应当体现学生学习的主体性、主动性、合作性。为此，教师必须改变以往教学中重结论、轻过程，信息以向学生单向传导为主，学生被动接受，缺少参与的教学方式，向重情境、重民主、重过程、重引导、重体验的教学方式转变，让学生在更为开放的课堂中探索、体验、辨析、思考。学生的学习更强调自主、合作、探究的学习方式，学生在学习的过程中获得丰富的体验，使学生的学习既是习得知识、养成技能的过程，又是形成积极的情感态度和价值观的过程，最终使学生获得全面发展。

4. 对学习评价的认识

教师必须改变过去的教学评价体系，多元化衡量学生素质。教师普遍认识到，必须打破过去单一的以考试分数为评价手段的做法，建立全方位、多角度，定性与定量相结合的多元化教学评价体系，多元化衡量学生素质。教师应利用评价激发学生学习的积极性，调动学生参与学习，乐于合作，大胆互动交流，自主探究，积极感受并获取知识。

（二）操作层面

1. 转变教师的教学行为和学生的学习行为

实行新课改十多年来，绝大多数教师逐步转变了教学方式，由传统的"满堂灌"转变为以启发引导为主，由课改实施开始几年的"满堂练"转变为引导学生立足课本，深入课本，在教师的启发下发现问题、提出问题，再通过师生互动、生生合作探究解决问题。"问题引路，紧扣教材，联系生活，合作探究，讲练结合，注重规律，形成方法"已成为我市学校大多数教师课堂教学的基本模式。其具体表现为：一是在把握教学内容上，能够根据课程标准的精神，比较恰当地选择和调整教学内容，使教学内容既体现社会的发展和科技的进步，又贴近学生的生活实际。二是在教学方式上，能够借助多媒体技术改善教学呈现方式，实现包括启发式、讨论式、接受式、探究式、自主式、合作式等多种教学方式的有效组合。三是从整个课堂组织上，大部分教师的课堂教学基本体现了新教材的思想，教师做好引导者、组织者、合作者，引导学生在新的教学情境中进行自主探究，恰当地组织小组讨论，使学生的学习方式和观念也逐渐发生了改变。

在教师转变教学方式的带动下，学生的学习方式也发生了变化。大部分学生由教师牵着鼻子式的学习逐步转变为自己主动地学，有兴趣地学，合作探究，课堂上也呈现出生机勃勃，充满趣味和欢乐的景象，"学中有感受和体验，学中有思考和领悟，学中有成功和快乐"已成为广大学生的共识和行动。学生的学习方式有了根本性的转变，学生自觉学习基础知识和基本能力，勤学意识、合作意识、创新意识和动手实践能力不断增强，学生的学习方式、学习过程和学习方法在不断变革，学生的意识、情感、态度、价值观等的发展进入良性循环阶段。由于转变了学习方式，学生学会了主动思考，学会了提出问题、解决问题，学会了创新。

以郁南县为例，郁南县在课改中落实好层级管理，实行"科任—科组长—挂科行政"三级管理，齐研共抓，讨论新问题，应对新情况，研究新对策；抓好教学五个环节的工作，要求教师做到"五认真"（认真备课、认真上课、认真批改作业、认真辅导和组织课外活动、认真检查和考评）。学校开展集体备课，各科各级教师先对每单元、每节课的目标、重点、难点、教学过程进行讨论研究，并确定好上述相关内容，探讨该课时的教法，然后分工备课，再由备课组长统稿、科组长审核后，才可打印下发使用。教师合作交流，集思广益，取长补短，集体备课成为集体智慧的结晶，成为教师教学行为和学生学习方式转变的"智囊库"，成为大幅度、大范围提高课堂教学效益的突破口。学校从"自我教育，自我管理"入手，规范学生的行为，注重学生良好学习习惯的培养。学校要求学生养成认真完成作业的习惯：按一定的书写要求和格式做作业，错题及时订正，发现问题及时修正等。学校要求学生每天早读前、每节课前读书，晚修提前 30 分钟回校自学，力促学生养成良好的学习习惯。

2. 课堂教学改革迈出新步子

课堂教学是一个不断通过创新实现自我生命价值的过程，创新精神和创新能力的强弱是教师能否形成独特教学风格的关键因素。对于学生而言，课堂教学是一个在教师引导下进行自主发现、探究和不断创新的过程。因此，课堂教学应积极引导学生实现学习方式的转变，让学生从被动接受走向自主发现和探究，鼓励学生发表不同的观点和见解，倡导创新。学校在此基础上，实现培养学生的创新精神和创新能力的目标。

（1）以生为本，建立新型的师生关系。

课程改革的核心是为了每一位学生的发展。然而，现实的学校教育中师生关系很呆板，缺乏双向的情感交流和平等的合作沟通，教学中教师过多注重知识的传授，对学生的情感态度与价值观关注不够。依据新课程理念，我市各学校在实践中逐步建立了民主、平等、和谐的新型师生关系，具体表现为：①教师尊重学生的人格尊严和法律权利，坚决杜绝体罚和变相体罚现象的发生；②教师关心每一位学生的学习状态，尤其是学困生；③师生之间是平等的，教师尊重学生的个性差异，学生尊重教师的工作；④教师正确评价学生，发挥评价的激励和导向功能，让学生在课堂中主动学习，体验成功，学生也对教师进行相应的评估。

（2）冲破传统模式，创建有效课堂。

"教学有法，教无定法"。深化课程改革，教师需要在课改实践中逐步冲破传统课堂的俗套，创建有效、高效的课堂，形成自己独特的教学风格，把课堂教学创设成一个有利于张扬学生个性，学生全面可持续发展的场所。教师要在课堂上让学生自主学习，把自主权还给学生，把时间让给学生，把学法教给学生，把自信留给学生。教学要凸显学生合作探究。教师课堂上要鼓励和帮助学生自己探究问题，探索解决问题的方法，并且在探索中尝试采用不同的方法。教师要让学生真正动起来。课堂是激发学生求知欲、开启学生智慧的充满生机活力的现代课堂，教师应该让学生动心、动脑、动口、动手，提高学生的课堂参与度。

以云城区云浮纪念中学为例，该校有一些成功的做法。第一，"课堂8条"：①让学生有自主学习的时间与空间（每节课留给学生自主学习的时间不得少于三分之一）；②课堂学习的空间在结构上要多样化，要有利于学生之间的讨论与交流；③教师在教学过程中要关注每一个学生的学习状态；④实现课堂教学民主化；⑤促进课堂上师生间的有效互动；⑥培养学生质疑问难的习惯和能力；

⑦注意学生的生活世界与书本世界的沟通；⑧注意教师对教学行为的反思与创造。第二，加强备课：①推出"一课二备二上二评二反思"工程，即以级科教研组为单位，选一个具有代表性的课题进行集体备课，由一名教师承担该课的课堂教学，课后进行集体评课，在评课的过程中，遵循问题反思原则，在反思的基础上，上课教师收集大家的讨论意见，对原有教学目的、内容和方法进行修改，并将该课选另外一个班重上（或由另一名教师执教），课后进行第二轮评课。②提供蓝本教案，资源共享。教研小组每周推出一个教案为蓝本，集体讨论，个人加减，既保证了整体目标的落实，又体现了教师的个人风格。③构建反思型教研活动，坚持一课一反思。学校要求各科组的备课、评课要围绕本科组的教研专题来进行，各科组要在"说课"的基础上，把"说课"和备课结合起来，把课堂授课和课后反思结合起来。这种案例研究的方法使教师对自己的教育教学行为更自觉、更理性地进行反思与实践，收到了较好的效果。

（3）加强现代信息技术与学科教学的整合力度。

以新兴县为例，该县一方面加大学校硬件设施的投入，另一方面加强教师信息技术应用能力的培训和使用指导。从 2004 年至今，全县中小学共投入 800 多万元购置了多媒体设备、实验设备、体育器械、高配置计算机和图书影像资料，为实施新课程实验工作创造了条件。目前，全县所有中学都配备了多媒体教学设备，每所学校建立了一至两个多媒体教室。大部分中心小学和部分完全小学也已配备了多媒体教学设备。为了满足新课改的需要，县教育局除组织教师参加市级的信息技术应用培训考核外，还组织了县、校两级信息技术应用能力培训，共举办县级信息技术培训班三期，使中小学 50 岁以下教师的信息技术应用水平都达到了中级水平。各中小学还结合本校实际，开展了课件制作和远程网络教研培训。卓有成效的培训和有效充足的资金投入以及广大教师的积极参与，使全县中小学课堂教学多媒体使用率大大提高。以新兴一中的《运用现代教育技术，构建新型教学模式》、惠能中学的《基于网络环境下提高山区生物课堂教学实效性的教学策略研究》、华侨中学的《应用现代信息技术优化学习环境，培养学生创新思维》、实验中学的《现代信息技术与课堂教学整合模式的试验》、实验小学的《基于现代信息技术环境下研究性学习课堂教学模式的实验》等课题为代表的研究经验，引领中小学逐步实现了课堂教学知识呈现方式的巨大转变，为顺利实施新课改创造了条件。

3. 建立和完善教师专业发展机制，重视教师专业发展

加强对实验教师的理论学习和指导，是搞好课程改革的重要途径之一。我市围绕教师的专业教育能力、科研能力、信息技术能力及终身学习能力，开展多种形式的培训，建立和完善教师专业发展机制，重视教师专业发展。主要的做法如下：

（1）抓好（校本）培训工作。

各校针对本校的特点，结合自身优势，把校本培训工作作为一项常规任务落实好：要求学校通过订阅、邮购等方式购置教育专著、教育杂志、报纸，供教师借阅；邀请专家、上级领导做讲座，及时让教师了解课改的新信息；鼓励教师上网，查阅资料，学习理论经验，增进横向交流；理论学习采用集中学习与分散学习相结合、讨论与自学相结合的方式进行；要求课题组成员成为各类培训的先行者。我市积极参加省、市组织的新教材培训，了解课改新信息、新理念；组织教师去外地参观学习先进学校的经验，加快课题研究步伐，提高课题研究质量，写好心得体会。组织多媒体教学内容的培训，提高教师自主开发、设计多媒体课件的能力；开展课题研究交流活动，展示课题研究成果。

（2）加强学习与沟通，构建专业发展平台。

我市通过"走出去"，让学校的管理者开眼界，增见识，变观念；通过"请进来"，让广大教师与名家名师近距离对话，接受新理念，改变旧方法；通过远程教育、广东教育学习网等网络化学习，促使广大教师把握知识的发展趋势，提高理论素养。

（3）完善"以老带新，骨干促新"的机制。

我市以校本提高为主要途径，通过骨干教师引路课，教学新秀示范课，青年教师汇报课，新课改教学市级、学区级、校级样板课等多种课型，促使和推动了广大教师的专业发展。

（4）打造名师、学科带头人培养工程。

为了更好地推进和深化新课程改革，整合骨干教师的智慧资源，发挥骨干教师的示范和辐射作用，整体提升教师队伍素质，我市建立名教师、学科带头人评选管理制度，评选和推荐各级名师，云浮市基础教育学科带头人，广东省骨干教师，广东省基础教育系统"百千万人才工程"名专家、名教师等。各县（市、区）也结合自己的实际情况开展了教师培训工作，成果显著。

例如，郁南县教育局每学年均邀请高考专家、省实验中学、珠海一中、广东外语外贸大学附设外语学校、珠海海华小学的名师举办讲座、上示范课，每学年8~9次。自2003年秋季起已邀请了郁南县80多名专家前来县里举办讲座，上示范课。郁南县每两年举办一次郁南县"育人杯"课堂教学竞赛活动，迄今为止已举办了11届；每年的11、12月开展全县中小学教师论文评比，每年均遴选出一批优秀的论文；每年的4、5月举行科技进步奖（论文评审）比赛，大大激发了教师的教研热情，提高了教师的教研能力；开展形式多样的业务理论学习和校本教研活动；评选"风采教师"，每学期第15周开展优质示范课活动。另外，学校实行"推门听课"制度，所有课堂一律开放，学校领导、教师无须事先打招呼，可以随时进入课堂听课，这样可以听到原汁原味的课。既能反映实际情况，又促进了教师的备课、作业的批改，并能使领导、教师及时发现教学中存在的问题，指出存在问题的改正办法，还可以对教师"因材施教"，及时对全校的教学情况做出正确的评价及指导。

又如，新兴县自2004年3月开始，分期分批组织中小学部分领导和骨干教师赴北海、广州、深圳、珠海和东莞等地（实验区）参加培训学习，接受新课改的熏陶。聘请专家做讲座，利用暑假组织全县教师集中学习理论知识。同时，按照"先培训后上岗，不培训不上岗"的原则，安排教师参加省、市、县各级各类的培训学习。新兴县在培训中坚持多元并重，既抓好县级以上各个层面和各种形式的培训，又抓实校本培训，做到全员参与、普及提高；在培训方式上多样并举，县级培训有专家报告、专题讲座、案例分析、课标解读、教材分析、研讨交流、说课评课、课题指导等，校本培训有"走出去，请进来"，召开研讨现场会、开展分片与校际交流活动。多年来，新兴县组织学校领导到河南、江西、湖南、四川、北京、湖北、江苏等地参观学习达300多人次；在省、市级培训中，全县有1500多名学科骨干教师参加了学习；在县级培训中，分片举办了200多场讲座，对中小学的4300多名教师进行了多轮多层次的培训；在学科培训中，有出版社专家的专题指导报告，有学科专家的具体辅导，还有县教研室的教材分析，全县36000多人次的科任教师参与了培训学习。

4. 注重校本课程的开发利用，创建特色学校

校本课程开发是在我国新一轮基础教育课程改革，实行国家、地方和学校课程三级管理的要求下提出的。校本课程资源的开发赋予了学校在课程设置上一定的自主权，为学校、教师乃至学生提供了更加广阔的创新和发展空间。校本课程即学校课程，是以学校为基地，由学校自主开发、建设与管理而凸显学校特色的课程。市、县两级教研部门在校本课程开发与建设中应该发挥研究、指导与服务的作用，这是新课程改革赋予他们的神圣使命。我们对各学校提出，在校本课程开发的过程中，应以学生需求为前提，紧密联系学生发展实际，尊重教师的开发精神和创新能力，采用多种形式，努力使校本课程成为真正体现学校特色和师生需求的课程。

云安县开放的校本课程主要有：

（1）构建校园人文环境。

校园人文环境的营造是校本课程资源开发的一个重要方面，是一种隐形课程，对学生良好情感意识的形成发挥着潜移默化的作用。①以环保为主题，通过植树、种草，动物模型的合理布置，形成一种氛围，让学生亲近大自然、热爱大自然；②以培养良好行为习惯为主题，从学生平常饮用水、洗手器械等方面体现人文关怀，实现人性化服务；③以名人名言为主题，教室内挂名人名言条幅，走廊、过道做一些经典格言渲染，让学生耳濡目染；④以实现学生自我价值为主题，创办艺术长廊（学生习作）、学生手抄报、黑板报、学生成长影集，组建各种课外兴趣小组，如摄影社、武术队、书法协会、文学社、鼓乐队、合唱队、志愿者协会等；⑤以开展各种课外活动为主题，定期举行科技文化节、文化艺术节、美食节和体育节等。

（2）构建校本课程资源库。

校本课程的开发、实施，资源的共建和开发利用非常重要，教师是校本课程开发的建设者、实践者，最了解学生的知识、能力和兴趣，并按学生的需要设计相关的校本课程内容。云安县（现为云安区）一方面通过互联网搜集、整理相关信息，形成具有校本特色的信息资源；另一方面，充分发挥教师开发校本课程的潜在意识和能力，注重搜集和整理教学中的优秀课例，形成具有个性化的校本教学案例资源。此外，还开展了形式多样的主题班队活动，如小型研

讨会、新闻发布会、模拟法庭、班长竞选等，丰富了校本课程资源。云安县（现为云安区）通过多种途径形成具有校本意义的资源库，再通过校园网，实现资源共享。

（3）利用乡土资源，构建校本特色课程。

利用乡土资源，构建校本特色课程的方法有：①利用爱国主义教育基地，如烈士墓、纪念馆等开展爱国主义教育。②利用地方名士的影响：请地方名士畅谈人生、漫话家乡变化、搞科学讲座等，培养学生了解、熟悉、热爱家乡的情感意识，让学生感悟人生哲理，反对迷信，崇尚科学。③利用乡村人才资源：主动赢得社会的支持，组建学校艺术教育、科技教育的相关兴趣小组，提高辅导质量，使学生的兴趣和个性特长得到彰显。④广泛开展各种课外活动，如定期举行科技文化节、文化艺术节、美食节和体育节等。例如，学校在艺术节举行科技模型、手抄报制作活动等，组建各种课外兴趣小组，如摄影社、武术队、书法协会、文学社、鼓乐队、合唱队、志愿者协会等，既重视学生理论知识的学习，又注重学生学习过程中的体验，注重学生动手实践能力的培养。

罗定市根据山区县市的实际情况，校本课程充分体现地方和学校特色。例如，罗定市廷锴纪念中学开设了"自强不息，爱国爱乡"的弘扬将军精神的德育课程；泷州中学根据学校实际情况对美术课程资源进行了开发利用，开发出《素描》和《速写》两本校本教材，为学生的美术学习提供了丰富的资源，激发了学生对美术学习的兴趣，提高了学生的美术创作水平，推动了学校美术活动的蓬勃发展，推动了素质教育的改革和发展；苹塘中学结合本校实际编写了《运动点燃激情》校本教材。此外，我市学校依据个性化、多样性和适宜性的课程开发原则，编辑了《名将之路》《罗定新民主主义革命史》《高一新生集训》《手球》《板鞋竞速》《高跷》等20多种富有特色的校本教材，每学期精选几门学生感兴趣的课程，从基础年级开课，逐年级合理安排。校本课程的开设，丰富了学生的选修内容，为学生个性化的发展提供了范本，也形成了校本教学活动的特色。各中小学校广泛开展各种课外活动，注重学生动手实践能力的培养。这些都极大地促进了学生智力因素和非智力因素的协调，促进了学生的全面发展。

云城区已开发的校本课程：语言文字类——《语文常规考点学法指导》

《中学汉字学》《新龙吟云中》《高考英语分类复习之一——语法》《高中英语百日通》；人文素养类——《中国共产党党章党史》《毛泽东诗词与中国革命》《共和国十大元帅》《关注生活、关注生命》《传承创新、希望》《地理与生活》《云浮市旅游景点及特产》；科学素养类——《高三物理第二轮专题复习探索》《数学史选讲》《高考函数复习专题》《高中代数》《几何选讲》《云浮化学与环境》《现状与危机》；身心健康类——《体育与健康》《篮球规则》《水粉静物画》《音乐欣赏》；技术技能类——《PASCAL 语言》《BASSIC 语言与计算机基础知识》等。这些校本课程的开发和使用有效地促进了学生的全面发展，满足了学生的个性化需要。

三、课改中存在的问题和困惑

全国的基础教育课程改革实验全面开展已经有很多年了，在教学实践活动中也遇到了许多问题和困惑。

（一）观念认识问题

1. 相当一部分教师没有形成新的教师观、学生观

相当一部分教师没有形成新的教师观、学生观，表现在课堂教学中，就是没有充分认识到学生是学习活动的主体，没有树立教学的出发点是一切为了学生，全面依靠学生的观念；教师没有真正成为学生学习的组织者、协作者，角色没有实现根本性的转变。虽然不少教师注意组织学生进行讨论交流，但多数流于形式，教师缺乏对组织合作学习目的的理解和对组织合作学习的调控，教师不敢创造性地使用教材，没有改变以教材为中心的旧思维模式。

2. 课标意识不强

不少教师对新课程要求的质量意识比较模糊，没有深入领会课改纲要中的"六个改变"和"六点要求"。特别是对于课标中提出的"知识与技能、过程与方法、情感态度与价值观"三大目标不能进行有机整合，往往顾此失彼。在具体的教学中，部分教师认为可以淡化"双基"，在组织课堂活动中往往没有明确的目的，从而不能做到课堂教学活泼而有序，结果既不能很好地引导学生进行自主探究学习，又削弱了基础知识和基本技能的培养，课堂表面热闹、活跃，实际上教学效率低下。

3. 教师的反思意识、合作意识及成长意识不强

教师对自身的教育教学实践活动很少从理论的角度去思考；缺乏与他人合作、交流、共享成果的意识，仍然习惯于"自给自足"；在如何根据自身优势形成自己的教学特色方面也很少进行深入细致的思考，从而妨碍了自身能力的提高。

4. 全面关注学生发展的意识不强，忽视教师和学生体验的教学过程

新课标要求教师把教学当作教师与学生共同探讨新知识的过程，强调"课程是经验"，要实现从"文本课程"到"体验课程"的转变，要变"教材是学生的世界"为"世界是学生的教材"。这就要求教师把教学当作教师与学生共同探求新知识的过程，要求与个人经验相联系，从学习者的角度出发设计教学。而在实际的课堂教学中，教师潜意识里依然还存在着对学生、对课堂教学的控制欲和支配欲，"讲台意识"仍旧严重；学生和教师的共同体验未被充分激活，学生的学习还较多地体现为外在的"注入"；教学仍然以教材内容为线索，而不是按照学生已有体验基础上的认知发展规律来展开的。

5. 更多地停留于对现有评价手段的埋怨上，没有对探究与发展进行更多的深入思考

更多的课改教师仍被现有的评价方式所束缚，总停留于无边的埋怨上，对课改所要求的评价要达到"三个有利于"（有利于学生的发展，有利于教师的提高，有利于课程的进步）的认识模糊，等、靠思想严重，"问题意识、成果意识"还比较薄弱，还不能主动地在教育理论的指导下对教学的探究与发展进行更多的深入思考。

（二）教学行为方面

1. 以知识为核心的主体地位并没有改变

虽然教师的教学观念转变了，但教师教学行为却难以转变，重知识轻能力，重结果轻过程，重成绩轻发展的思想观念还难以根除。虽然我们评价学生的方式有所转变，但评价学校的标准主要还是以升学率为依据的"办学质量"。

2. 教师的素质跟不上课改的要求

教师对教材的理解不够深入，教学目标把握不准，教学能力不强，远远达不到新课改的教学要求。比如，有的教师不能有效地处理偏离教材或教学超范

围的问题；有些内容该讲的，教师不讲，学生有能力学懂的，教师却又包办等。

3. 新课程教学目标难把握

新课程改革的目标是从知识与技能、过程与方法、情感态度与价值观三个方面来规范的。知识与技能适用于表述行为目标，强调的是每个学科的基础知识和基本技能；过程与方法适用于表述展开性目标，注重的是让学生了解科学探究的过程和方法，学会发现问题、思考问题、解决问题的方法，学会学习，形成创新精神和实践能力等；而情感态度与价值观则适用于表述表现性目标，关注的是学生形成积极的学习态度、健康向上的人生态度，具有科学精神和正确的世界观、人生观、价值观，成为有责任感和使命感的社会公民等。其中，只有行为目标的表述方式是具体的、明确的，便于操作和评价，其他两种表述方式都是内在的、模糊的，没有一个统一的可操作和评价的尺度。教师的能力不同，其把握的"度"也就各不相同了。乡镇农村学校教师拿到新教材后，一头雾水，满脸疑惑，研讨交流时经常有教师提出这样的问题，"这节课三维目标是什么？这些目标该怎么落实？"等。在教学实践中，讲多了讲难了赶不上进度，讲少了讲浅了又达不到课标要求。课改后的课堂和以前不同了，如英语课、体育课等，课上经常做游戏，学生的积极性提高了，一堂课下来满是掌声、笑声，热热闹闹。但是冷静思考，这样长期下去，学生真的能掌握扎实的基础知识吗？从外部看来教师上课很生动，学生很快乐，但要问学生学到了多少知识，这就很难说了。因此，"追求课堂活跃却使课堂失控""课堂活跃了，知识点却没落实"等一些更深层次的问题急需解决。

4. 新课堂教学难以组织，教学方法难以更新

教学方法是教师引导和帮助学生学习的工作程序和教学策略。对于教师来说，经过长期的实践，各自都有一套自己运用自如的教学方法。而新课程要求课堂教学改革的核心在于致力于构建学生的主体地位，使学生在教师的引导下自主地、主动地、创造性地学习。教是为了不教，正是现代教学所要达到的目的。由于传统的教学模式和观念仍根深蒂固，且新课堂教学难以组织，很多教师仍固守教师讲、学生听，教师教、学生记，教师问、学生答的教学模式。

5. 学生学习方式难以改变

课改倡导学生的自主探索，培养学生交流合作的能力。新课程实施的主要

途径是课堂教学，而课堂教学改革重要的、必要的途径就是学生学习方式的改变。因此，转变学生的学习方式是本次新课程改革的一大难点和重点。但在教学中，教师按预定设计的方案组织活动，往往出现两种情况：一种是为了达到一定的教学目的，教师安排给学生自主学习、思考的时间太短，不能达到预期的目的；另一种是在组织交流中，以小组方式探究费时较多，还会有部分学生的思维被小组定位，体现不出独立性。因此，不少教师感到学生学习方式转变举步维艰。

6. 教学评价问题没有解决好

教学评价问题没有解决好导致教师在平时教学中要考虑很多东西，包括情感、态度、价值观等，但这些都是一些很抽象的东西，在评价学生和教师的时候，又没有科学的方法，最后只能以成绩数据分析作为考核教师教学效果的唯一标准。社会和家长也只看学生的分数，孩子的升学。要将这两者完美地统一起来，教师觉得非常困难。

7. 激活课堂教学教师感到力不从心

在新的教材中，以结论性知识呈现的学习材料的比例明显下降，探究性材料和问题性材料大量出现。相应地，教师应该根据具体的教学情境进行创造性、主动性的劳动。教师只有充分利用阅读材料、课题学习，在教学过程中创设问题情境，注意联系师生的共同体验，准确把握教学时机，采用多样化的教学艺术，让学生有充足的时间思考，让学生充分发表自己的意见，才能激活并创造具有生命力的课堂。然而，不少教师未能很好地把握这一点。同时，课改倡导学生"主动参与，乐于探究"，然而在课堂教学中，不少教师在如何处理接受学习与探究学习的关系上感到茫然。

8. 部分教师往往不能很好地把握评价学生的尺度

课改强调"评价要有利于学生的发展"，这不仅要求教师帮助学生认识自我，建立自信，关注个别差异，了解学生在发展过程中的需求，发现和发展学生的潜能，促进学生在已有水平上全面发展，还要有意识地让学生学会对自己作客观、公正的评价，培养学生的判断思维能力，使学生更充分地认识自我，更客观地评价自我。同时教师的评价必须做到公平，以激活学生的思维，充分调动学生的学习积极性，构建充满活力的课堂。从目前的情况来看，很多教师

对学生的评价还难以达到这样的要求。

9. 教学中三个维度的目标分离

新课改提出了三维的课程目标：知识与技能、过程与方法、情感态度与价值观。三维目标其实是三位一体的三个维度：学生学习任何知识和技能都要运用一定的方法，不管好方法还是不好的方法；都要经历一个过程，不管主动探究还是消极接受；在这个学习过程中，学生总会伴随一定的情感和态度，不管积极的情感还是消极的情感，不管敷衍的态度还是认真的态度；总会有一定的价值取向，不管正确的还是不正确的。所以，三维的课程目标是一个问题的三个方面，而不是独立的三个目标。但是很多教师在教学中把三维目标肢解为一节课的三个独立目标，在课堂教学中各个击破，互不相干。

10. 自主、合作、探究的学习方式未能贯彻到底

新课标提倡以学生为本、以发展为本。学习是学生素质养成的过程，在这个过程中，学生的实践贯穿始末。因此，新课标提倡自主、合作、探究的学习方式，突出学生学习的主体地位，把学习的主动权归还给学生。这种新型的学习方式有利于发展学生的综合素质和创新精神。但是，很多教师在教学中急于求成，"灌输式""告诉式"的教学行为没有太大改变，学生自主、合作、探究的学习只是教师迎合新课标要求的一个幌子。

11. 个别学校课堂教学的效果提升不明显

教学手段多样了，学生主动参与了，课堂气氛也活跃了，但未必教学效果就好了。我们发现一些课，教师盲目搬用别人的教学方法，不切合学生实际，出现许多作秀课，看上去热闹非凡，实际空洞无物。例如，一些教学内容，根本没有多大的讨论意义，也让学生去讨论；有些问题，根本没有思考价值的，也让学生去思考，导致课堂教学的效果不明显。

（三）管理层面问题

1. 学校管理机制未能跟上课改步伐

实施新课程必须健全与之相适应的管理机制，但如何建立和健全科学合理、行之有效的管理机制，正是很多学校所面临的一个困惑的问题。目前，很多学校仍采用原来的一套管理模式进行管理，于是就形成了新课程教学，旧模式管理的局面，如唯分数管理、唯规章管理、唯印象管理、唯考核管理等比比皆是。

这些导致教师在精神上疲惫不堪，教学改革、教学创新、新课程实施的主动性和积极性受影响。学校管理未能体现以教师为中心，以教师的发展为中心，因而，也达不到促使教师教学观念的转变、教学行为的优化、教育的科学发展和教师的和谐进步、提高学校的办学品位的目标。

2. 现行的管理方式对教育活动的影响

多数学校管理仍然是比较严格的自上而下的阶层管理制度，缺乏更具人性的管理方式。在现行教育管理体制下，各级部门的检查、考核、评比在很大程度上干扰、影响了教学的正常进行。学校内部对教师也要求过多、检查过多，很多教师感到被系统内部的许多规定、条例、制度包围和限制着。频繁的检查、考核等活动使教师疲于应付；坐班考勤制度使教师失去了活动的空间；以学生的考试成绩为唯一标准的教师评价制度消磨了教师改革的锐气和胆略；形式主义的培训制度使教师失去了专业发展的机会；只重视教学不重视科研的教研制度使教师失去了自己的声音和话语，使学校的大部分教师都处于一个自我感觉良好其实却十分平庸、不思进取的状态。在对学生的管理上，教师单纯用制度和指令来约束学生，很少从美育的高度，通过文学、艺术等各种手段来熏陶人、教化人、感染人，从提高、强化学生整体内在素养的角度来提高学生的精神修养、公民素质和伦理道德，其结果是学生的精神境界未能发展，对于学校任何制度都心怀抵触情绪，管理效果大打折扣。

3. 农村经济的薄弱和家庭教育的滞后，对新课改产生一定的负面影响

农村中学教育硬件薄弱是实施新课改的一个重要阻碍。新课改不仅强调人力的投入，它更需要大量财力的投入，如图书室建设、多媒体添置、教学网络信息系统的建立等都需要相当的物质基础作为后盾。同时，教师普遍觉得当前农村初中学生管理越来越难，新课改最大的特点就是强调上课"教师主导，学生主体"，要求课堂有较多的学生活动，对学生的管理和调控就有了更高的要求，教师上课管理学生要"放得开，收得拢"。如果学生一活动就乱了，那么教学就成问题了，所以新课改之后学生的管理问题很重要，农村学校面临的学生难管的问题更加突出。

4. 教育评价的滞后

课改要实现六大方面的具体目标，其中教育评价的改革是至关重要的。当前教育的评价机制严重滞后，社会各界、学生家长仍然以学生成绩、升学率来评价教师、评价学校，而学校本身，也把学生的考试分数与教师的评先、晋级、双聘等挂钩。教师的主观能动性的发挥受到很多外界因素的影响，课程改革的实际效果难以令人满意。如果没有一个正确的课改效果评价、考核的标准和制度作为激励、督导、评估课改效果的依据，课改就难以扎实地推进，难以取得更丰硕的成果。教育评价历来都是教育改革的瓶颈，评价的导向和指挥棒作用，造成了"评价不改，教育改革就不能真正落实"的局面。

5. 发展不平衡成为重要的制约课改实施的因素

城镇学校与乡村学校发展不平衡，基础较好的学校与基础薄弱的学校发展不平衡，不同区域的学校发展不平衡。经济欠发达，教育经费不足成为制约课程改革进一步深入有效实施的瓶颈。乡村的学校尤其明显，教学资源严重不足，最大的困难是收入偏低，吸引不了优秀的新教师加盟，成熟的优秀教师留不住，在位的不少教师干劲不足，相当一部分教师不是专注于教学工作，这些成了重要的制约因素。

（四）实施层面的问题

1. 课程资源缺乏或欠科学

（1）各学科课程标准和各版本教材之间不一致，普遍出现内容多、要求高、课时不够的矛盾。不少学科还出现了初高中知识点衔接不上的问题。

（2）教材的编写者对学生学习状况了解不够，教材的编写过于理想化，这体现在想用较少时间完成较多内容上。对于生源较好的学校，按规定课时完成教学任务是可以的，但是目前高中教育正在由选拔走向普及，高中办学规模的扩大导致很多学校高中生源质量与往年相比明显下降，学生的学习基础、能力反差很大，很多学校的学生不可能在规定的课时内完成这么多的学习内容。

（3）选修课变成必修课的延伸。在高中新课改中，选修课共需 28 个学分，约占总学分的 1/3。但实际开设的选修课模块非常多，仅国家教材的选修课就有 100 多个，再加上地方和校本教材的选修模块，就大大超过了必修课模块的数量。选修课的增加使教师的授课工作量大大增加，而学校的师资配备又远远不能达到新课程实施的实际要求，使课程建设与管理受到影响；大部分学生在具体选修哪个模块时，显得茫然不知所措，教师容易以高考的相关内容为主题，从而变成必修课内容的加深加宽，达不到培养学生兴趣、特长的作用和目的。在教学中，部分教师已出现把选修课当成负担的苗头。

（4）学生"活动"过频（物理、化学尤为突出），忽视了教师的主导作用。新教材安排了大量的学生探究活动，我们觉得有点矫枉过正。"活动"占去了大量时间，导致接受与探究失去了协调与平衡。探究活动不仅要考虑学生花在表面上的时间（动手操作时间），更要考虑学生对探究结果的分析和思考时间，教材显然对这一点关注不够；过多的"实验与探究"使得预设的教学任务难以完成，严重影响了教师教改的信心和积极性。翻开实验教材，动辄探究，动辄学生感受……这些个性化色彩浓厚的问题过多地强调了学生的个性体验，忽视了教师的主导作用。

（5）教材的知识点过于散乱，逻辑性不强。例如，数学教材中数学符号前后表述不统一，各模块之间联系不大；英语学科的听力内容不好操作；历史学科教材按专题编排教学内容，而学生的初中历史知识多半已经遗忘，在这样的基础上按专题学习，教师很难操作；地理学科有些知识很专业，本属于大学的内容，现出现于高一新教材中，教师用一两节课是很难讲清楚的；物理学科教材配套的光盘不实用，教材练习题简单、量少，教材不利于学生自学；计算机学科教材的软件新，对硬件要求高，农村上来的学生由于基础问题跟不上；等等。

2. 教材本身的问题

首先是近年来教材更换太快、太频繁。教师的教学教研力量跟不上，一些好的教学资源无法重复利用，积累的好经验也无法进一步完善。特别是一些师资力量较弱的学科，更谈不上将教材作为教学资源之一来利用。教师"教教材"都感到困难，更不用说"用教材来教"了。其次是各学科教师在使用教材的过程中都感到教材对各学科的素养要求较高，信息量较大，再加上一些科目教材内容编排比较混乱，内容不够系统，教师操作困难，学生学起来也困难。学生两极分化提前，特别是英语学科，从初一开始就出现了严重的两极分化。

3. 课程开设齐全，但缺少有特色的校本课程

从实际情况来看，有些学校虽然按规定开设了应开设的课程，但有些课程只是形式主义，如综合实践活动课程、校本课程、音乐课程、书法课程等，由

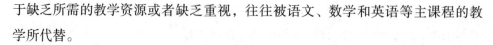

于缺乏所需的教学资源或者缺乏重视，往往被语文、数学和英语等主课程的教学所代替。

4. 资源保障力度不足，城乡差异突出

在实际工作中，经常听到部分教师抱怨缺少开展教研活动所需的课程资源。课程资源是新一轮国家基础教育课程改革所提出的一个重要概念，没有课程资源的广泛支持，再美好的课程改革设想也很难变成实际的教育效果，新教材里探究的内容多，对实验设备提出了更高要求，而由于受到经济条件的制约，学校硬件建设跟不上，使得很多实验活动开展不了，体育、化学、物理等学科在不同程度上都存在这个问题。一些中学由于经费投入的局限，功能场室不足，教具等教学配套设备不足，各种挂图、音像资料等其他教学资源也不足。

城乡发展不平衡的问题比较严重。就课程资源来讲，农村学校极为有限。缺乏学生获取知识和信息的重要途径，缺乏拓宽学生视野、增强学生对学科教学形象直观理解的场所，也缺乏网络资源。校外课程资源的不足给农村学校教师对课程资源的挖掘、开发带来了难度，限制了农村学校教师对教材的创造性使用，使他们为课程资源不足而发愁。教师只教教材、学生被动学习的状况一时难以改变。有相当一部分农村学校电化教学配备和信息传递设置缺乏，图书存量少而陈旧；经费投入的不足也影响了农村教师的学习再提高；受经济基础和自然环境制约，城乡之间、乡校之间办学条件差异较大。

5. 社会支持不够

素质教育是一个系统工程，需要得到社会的认可，但是，目前社会上对一个学校的评价仍然停留在升学率上。教学中有很多户外乃至校外的综合实践活动课由于安全问题开展受到了限制，一些提高学生综合素养的课外实践活动无法进行。学校经费紧缺，教师收入并不令人满意，社会地位和认可度不高。

6. 教师培训工作滞后

教师培训工作未能跟上课改步伐。新教材需要教师来驾驭，目前乡镇教师知识老化，技能欠缺，教师急需进行使用多媒体等方面的培训，更需要转变教育理念，明确教师的教学行为与角色的转变，懂得学生学习方式的转变，认识实施新课程的过程及实施新课程等方面的培训。由于教师队伍比较庞大，集中培训有一定难度，即使有组织培训，也只能递进式地进行，仅凭为数不多的几

次课程培训和观摩学习，所得十分有限，无法很好地应用于教学实践。教师培训要重质量，促落实。课改后，虽然组织了大量的教师参加各种培训，有的还是全员培训，可谓名目繁多，但是培训的质量就有点不敢恭维了。有些教师纯粹是为了完成培训任务，并没有将学到的新理论、新知识运用到教学中。由于外出培训影响学校的正常教学工作，学科教师数量不足，缺少校本培训的师资和条件，学校仍然存在外出培训和校本培训不到位的现象，开展专业培训和教学研究很难形成氛围并难以保证质量。

四、意见和建议

1. 加强培训，提高认识和操作水平

必须继续加大对教师的培训力度，提高教师对新课程的认识和操作水平。建议省里继续加大对山区教育的扶持力度，在资金投入、设施设备、专家引领等多方面重点倾斜；同时，各县（市、区）教育部门、各学校也要继续开展"请进来，走出去"的培训学习活动，邀请一些教育专家到本地讲学、指导，对教师进行培训，促进教师的专业发展和业务提升。要适时组织教育主管部门的领导、学科教研员和学校领导、教师外出学习，一是参加上级主管部门组织的系列培训，二是到省内外新课程改革先进地区参观学习，交流新课改经验。各学校都需要继续加强校本研修活动的力度，加强理论学习和业务学习，就教学中遇到的重点问题进行专题研究，开展好各类教研活动。学校要通过各级培训和学习，不断提高教师的理论、专业和业务方面的知识与能力水平，提高教师对新课程改革的认识和操作水平。建议今后在加大教师培训力度的同时，提高培训的针对性和实效性，改进教师培训的内容和方式。

2. 完善管理机构，各司其职

要继续完善对课改工作的领导机构，加强课改工作的执行力度。在经费投入、后勤保障等方面体现领导意志；组织相关学科进行新课程教材改革培训，大力推进教研组建设，围绕省、市的有关课题规划内容，积极进行课题的申报和研究工作，为进一步推进新课程改革做出努力。

各级教研部门要继续搭建更多教研活动平台，针对本地教学实际，丰富教研活动的内容和形式，营造良好的教研氛围，支持教师的专业发展。

各学校要继续立足于校本教研。校本研究活动是最行之有效、最能体现各校研究特色的方式。各校要把教师参加教科研工作的情况和成绩纳入量化考核。同时，校本教研要以新课程为导向，紧紧围绕课程实施中的问题开展研究，努力提高校本教研的针对性和实效性，以学科教研组为单位，以年级备课组为研究小组，充分发挥教师个人的主体作用和教研组、备课组的集体优势，采取"自我反思提出问题—教研组研究确定课题—备课小组共同设计方案—研究者付诸实施并反思—教研组集体反思与评价"的运行机制进行校本教研。各校要开展"书面评课"与"口头评课"相结合的听课、评课活动，促进教师观念的转变，达到共同发展、共同提高的目的。各校要加强学科组、备课组活动的管理和监督，研究进一步推进课改的策略，提高教师的业务水平，健康持续推进课程改革。

3. 加大考试制度改革力度，完善教学质量检测评估体系

各校要突出评价促进发展的功能，改变评价过于强调甄别与选拔功能的做法。评价的目的在于促进学生的发展、教师的提高，各校应针对学生学习的实际情况，加强过程性评价的研究，强化过程性管理，激发学生的学习热情，提高学生参与学习活动的积极性。

各校要改革、优化高中教育终端评价制度，优化高考招生制度改革，鼓励人才选拔标准的多样化，突出特长、专长；要立足全民素质的提高，鼓励个性发展，给高校招生更多的自主权。

4. 完善新课程模块、课程内容的结构

高中教学模块数量过多，并行开设学科过多，造成学校安排课时有困难。例如，物理、数学、化学、英语、历史等科目，学生感到内容偏多偏难，难以应付；教师也认为新课程的"容量偏多"，使得教师整天为教学进度担忧，建议有关部门进一步完善模块课程的内容结构。

5. 加大教育投入，为课改实施提供保障

促进教育均衡发展是当务之急。"巧妇难为无米之炊"，没有相应的教学条件，课改实施也只是一句空话。例如，物理教学要求重视实验教学，但实验器材跟不上，实验教学就会大打折扣。一本书、一支粉笔已不能满足当前课改的要求。学校要配备相对充足的教学辅助资料，尤其是农村学校，因资金、信息

等原因，教师对课标、教材的理解本来就不是很深入，更需要配备相对充足的教学辅助资料，引路助跑。

6. 争取社会各界的大力支持

首先，进一步加大对课改的宣传力度，使课改的理念深入人心，形成社会共识；其次，广泛听取社会贤人达士办好教育的善计良策，鼓励学校的教育教学活动更多地向家长、社会开放，鼓励和欢迎广大家长参与学校的教育教学活动，并向学校的办学及教育教学进言献计，以便学校不断改进工作；最后，充分利用乡贤热心教育的有利资源，利用各种社会资源办学，充分发挥社会各界的助教助学功效。

课程改革工作事关教育振兴、民族振兴的大局，尽管改革的发展还不平衡，课程改革还任重道远，但我们在实践中增强了信心，坚定了改革的方向，无论困难多大，我们都将坚持不懈地努力，加强理论研究和实践探索，为基础教育课程改革的实施和推广做出应有的贡献。

云浮市教学常规管理

物 理 科

一、基本要求

（一）高中物理课程开设要求

1. 高中物理模块课程开设要求

（1）高中物理每个模块通常为 36 学时，物理的必修总课时为 108 学时。

（2）共同必修模块和选修 1 – 1、选修 2 – 1、选修 3 – 1，可按学期按模块开课。

（3）选修 1 – 2、选修 2 – 2、选修 2 – 3、选修 3 – 2、选修 3 – 3、选修 3 – 4、选修 3 – 5 按学段按模块开课。

（4）物理实验专题和物理专题研修等，学校根据具体情况自行开设。

2. 高中物理选修课开设要求

普通高中物理选修课开设参见广东省教育厅《关于印发＜广东省普通高中选修课开设指导意见＞的通知》（粤教研〔2005〕7 号）中的选修内容。

（二）科学内容教学要求

（1）扎实开展对新教材的研究，明确各项教学要求，掌握教学深广度。

（2）积极开展新课程的教学设计研究，自觉实现教师教学行为方式的转变。

（3）加强物理实验的教学，体现物理学在科学学习领域中的独特价值。

（三）义务教育物理教学要求

（1）重视科学探究的教学。

科学探究是物理课程的重要内容，应该贯穿物理教学的各个环节。

① 鼓励学生积极大胆地参与科学探究。

② 探究活动的选择。

③ 使学生养成对所做工作进行评估的良好习惯。

④ 重视探究中的交流与合作。

（2）帮助学生尽快步入自主学习的轨道。

（3）保护学生的学习兴趣，探索因人而异的教学方式。

（4）加强与日常生活、技术应用及其他学科的联系。

① 以多种方式向学生提供广泛的信息。

② 把阅读理解、收集信息、观察记录作为课后作业的一部分。

（5）提倡使用身边的物品进行物理实验。

（四）高中新课程物理教学要求

（1）从课程目标的三个维度来设计教学过程。

（2）提高科学探究的质量，关注科学探究学习目标的达成。

（3）使物理贴近学生生活、联系社会实际。

（4）突出物理学科的特点，发挥实验在物理教学中的重要作用。

二、具体规范

（一）课程总目标

（1）学习终身发展必备的物理基础知识和技能，了解这些知识与技能在生活、生产中的应用，关注科学技术的现状及发展趋势。

（2）学习科学探究的方法，发展自主学习能力，养成良好的思维习惯，学会运用物理知识和科学探究方法解决一些问题。

（3）发展好奇心与求知欲，发展科学探索的兴趣，有坚持真理、勇于创新、实事求是的科学态度与科学精神，有振兴中华，将科学服务于人类的社会责任感。

（4）了解科学与技术、经济和社会的相互作用，认识人与自然、社会的关系，有可持续发展意识和全球观念。

（二）教学理念

（1）完成《基础教育课程改革纲要（试行）》和《普通高中物理课程标准（实验）》《全日制义务教育物理课程标准（实验稿）》的要求。

（2）实施素质教育，体现创新教育，具备先进的物理教学理念。

（3）坚持启发式教学，采用探究性学习、以"互动－发生"式等为核心的多种物理教学方式。

（4）坚持面向全体学生。

（5）重视培养学生的创新精神、实践能力和个性特长。

（三）教学计划

（1）按照广东省教育厅《关于开展普通高中新课程实验工作的通知》（粤教基〔2004〕47号文）要求，教学中要开齐必修模块，开足课时；初中物理学科计划要按课标要求制订。

（2）科组有教学工作计划，目标明确，措施具体；教师有学年和学期教学计划。

（3）学校有物理学科发展规划。

（四）教学常规

（1）各年级组要制定完善的备课制度；全体教师都能从学生发展的角度出发，备学生、课标、教材、教法和学法，并能在教学实践中努力挖掘各种潜能和充分发挥自己的特长，形成自己的个性和特色。

（2）各年级物理科教学内容要严谨、科学、适度，注意联系学生生活和社会实际；注重"知识与技能"目标，让学生体验"过程与方法"。

（3）课堂教学中学生要有自主学习的时间，有独立思考的能力；学生要有参与探究性学习的过程；生生之间、师生之间交互活动要充分，使合作学习有实效。

（4）教学过程力求教学手段现代化，积极运用现代教育技术；教师能够比较熟练地制作各种教学课件；教学手段直观，科学运用多种教学媒体为学生创造良好的学习环境；板书简要工整，布局合理，层次分明。

（5）教师的教学方式和学生的学习方式要不断优化，教师要科学构建自主合作探究的教学方式；教学方法要灵活得当，符合授课内容要求，能启发、诱导学生主动学习；教师教学要有创意，评价反馈须及时有效。

（6）教师为学生的学习提供必要的学习资料和具体的学法指导；教师教学要思路清晰，面向全体学生，兼顾个体差异。

（7）教师要培养学生的学习习惯和自学能力；教师要培养学生学习物理、认识物理、探究物理的能力；教师要充分挖掘教材中的教育因素，渗透"情感态度与价值观"的教育。

（8）教学氛围要宽松和谐，体现合作精神，体现教育性、科学性和趣味性的统一；教师教态要亲切自然，有感染力，善于与学生沟通情感；教学环境良好，师生关系和谐。

（五）教学研究

（1）制定操作性强的物理学科教学科研制度，开展多层次、多形式的教研活动和课题研究。

（2）物理教学科研课题的提出能结合自己的教学实际和学生的学习需求，促进物理学科教学质量的提高。

（3）要求各年级物理教师积极参与各种物理教学课题的研究，研究的课题要有过程记录、阶段总结或有论文等成果。

（4）各年级教师要不断地总结教育教学经验，经常写教学札记，有具体的改进措施和具体的教学效果。

（5）积极开展校本研究活动。

三、中学物理课型分析

中学物理按其教学内容主要可以划分为概念课、规律教学课、实验教学课、习题课教学等基本课型。

（一）概念课教学

1. 教学要求

（1）明确概念的物理意义。

（2）能够运用概念分析和解决实际问题。

（3）领略物理学的研究方法。

2. 怎样上好概念教学课

上好概念教学课的六个环节：

（1）深钻课程标准和教材。

（2）注重概念的引入。

（3）揭示概念本质。

（4）讲清概念之间的区别与联系。

（5）联系实际，巩固深化概念。

（6）掌握概念教学的阶段，逐步加深对概念的理解。

（二）规律课教学

1. 教学要求

（1）使学生对发现或建立物理规律的过程有较为清晰的认识。

（2）在课程标准的范围内，让学生理解规律的物理意义，能够用不同的方式表达物理规律。

（3）使学生理解规律的适用范围，能够正确地运用规律分析和解决问题。

（4）使学生的思维能力得到发展。在物理规律的学习过程中，学生将逐步学会运用归纳推理和演绎推理的逻辑思维方法，在探索知识、获取知识和运用知识的过程中学会运用科学思维，从而提高分析、处理和解决物理问题的能力。

（5）使学生初步了解研究物理学的科学方法。发现和建立物理规律必须用一系列的物理学的科学方法，如观察实验、理想化方法、科学思维方法（包括比较和分类、归纳和演绎、分析和综合等）和数学方法等。

2. 怎样上好物理规律教学课

（1）讲好物理规律的形成。

（2）阐明规律的物理意义，正确地表述物理规律。

（3）强调物理规律的适用范围。

（4）联系实际运用规律。

（三）实验课教学

1. 物理实验教学类型

（1）演示实验教学。第一，引入性的演示实验，目的在于激起学生对所研究问题的兴趣，从而调动学生的求知欲。第二，探究性的演示实验，目的在于为建立概念和规律提供必要的感性素材，并通过它引导学生在观察中去粗取精、去伪存真，由表及里，将感性认识上升到理性认识。第三，验证性演示实验，用推理的方法从旧有的概括性较强的理论中导出新的知识，通过师生共同探究完成。第四，加深理解、应用概念和规律的演示实验，这种实验广泛地应用于教学，成为巩固理论、纠正错误观点和训练思维的有效途径。第五，培养学生对实验的分析和评价能力。

（2）课内学生实验教学。学生的实验探究活动是使学生获取知识、培养能力和提高科学素养的必要途径，它是其他任何教学活动所不能代替的。课内学生实验包括探究性学生实验、验证性学生实验。

（3）课外学生实验教学。一是在物理课程标准范围内进行的实验；二是研究性学习实验。

2. 物理实验课的基本要求

（1）充分调动学生的主动性，培养学生浓厚的兴趣。

（2）实验与理论密切结合，促进学生实现认识上的两个飞跃和培养思维能力。

（3）严格要求，加强实验技能训练，培养学生良好的实验习惯。

（4）贯彻实验思想方法教育，培养学生的实验探究能力：第一，注重学生认识科学探究的一般途径；第二，注重使学生认识控制变量和间接测量的实验思想；第三，注重使学生认识计量的意义和研究实验误差的思想；第四，注重使学生学习科学家抽象的研究思想和方法。

（四）习题课教学

1. 习题教学课的特点和目的

（1）习题教学可以使教师直接、具体地得到学生学习情况的反馈信息，以便随时调整自己的教学方法，以期收到最佳的教学效果。

（2）习题教学是连接概念、规律和实验等教学环节的纽带。习题教学渗透在各类教学中，它如一条纽带，把各个教学环节连接起来，使整个物理教学工作浑然一体。习题教学的这种纽带作用一方面体现了物理知识的内在联系，另一方面体现了教学过程的内在联系。

（3）帮助学生深入理解和掌握物理学的基本概念和规律，在一定范围内能够使学生运用所学的基础知识解决若干实际问题。

（4）激发学生学习物理学的兴趣，使他们熟悉思考、处理物理问题的某些思想方法，培养学生的思维能力和独立学习能力。

2. 习题教学课的备课

（1）确定习题教学课的教学目标。习题教学课备课的第一步就是确定具体的教学目的，这是习题教学课的"灵魂"所在。

（2）选题。习题教学课中，精心选择质与量都合适的题目，既能帮助学生深入理解物理的概念和规律，提高解题能力，又能使学生体会到老师选给他们的习题的用意，从而真正解决问题，也就是说教师通过选题，充分发挥自己的主导作用，把学生从题海里解救出来。

3. 习题教学课中的例题讲解

在例题讲解中教师必须讲清审题的关键、解题方法的思路、解答表述的规范等。

4. 习题教学课中的解题指导

教会学生对物理习题进行具体的分析与综合思考是解题指导的核心，是完成习题教学的任务。

四、中学物理教学评价

中学物理学习评价要全面落实三个维度课程目标的要求，既要重视学生知识与技能的学习，又要重视对学生物理学习过程与方法的评价，还应重视学生情感态度与价值观的变化。中学物理学习评价内容的要点具体如下。

（一）知识和技能方面的评价

（1）对物理科学的理解，包括对物理概念、规律的理解和应用，对物理学基本思想与观点的了解等。

（2）基本的物理实验技能与素养。能否根据物理原理设计实验？能不能按书面说明进行操作？能不能通过独立观察和实验获取信息等？

（3）对物理学与科学技术发展的了解程度。

（4）对物理学的观点、思想与方法的应用情况。

（二）过程与方法方面的评价

（1）对科学探究和物理实验的理解与参与程度。

（2）对物理学基本思想与方法的理解与应用程度。

（3）关注学生是否积极主动地参与了物理学习活动。

（4）关注学生能否不断反思自己学习物理的过程，并改进自己的学习方法。

（三）情感态度与价值观方面的评价

（1）对自然与科技的关注。

（2）应用物理知识探究科学问题的热情。

（3）参与社会科技活动的热情。

（4）科学态度精神。

（5）合作精神。

（6）对待困难的态度。

（四）高中物理模块学分认定

（1）过程性评价和终结性测验。终结性测验包括笔试（含闭卷和开卷）和操作考试；学分认定过程清晰，操作规范，真实有效。

（2）按《广东省普通高中物理模块教学与考核要求》（粤教研〔2006〕16号）进行物理必修模块实验操作考查，合格率需达95%以上。

对减轻学生过重课业负担的思考

学生课业负担过重已引起社会的广泛关注，减负已成为社会的共识，也早已成为教育界迫切需要解决的大事。我们就本地学生过重课业负担产生的原因及解决办法进行了深入的研究分析，具体如下。

一、学生课业负担过重的原因

笔者认为，学生课业负担过重主要有外源性和内源性两方面原因。外源性原因指的是学生外部引起的学生课业负担过重，主要表现有：在校时间过长、日课时总量较大；家庭作业布置超量；考试较频繁、应付考试压力大；"题海战术"、以练代学情况严重，等等。内源性原因指的是学生自身的原因，主要包括：学生本身学习困难、难以完成正常的作业量，适当的课业量也会变成"过重"；学生"厌学"、心里抗拒课业、懒得做或拖着做课业，适当的课业量也可能变成"过重"等。这些原因的背后，还隐藏着学校、教师承担着太多的责任；家庭有太多的牵挂；学生承受着太多的苛求；教育管理体制、评价机制有很多不合理的地方等因素。因此，中小学生课业负担过重成为全社会普遍关注而又始终未能解决好的一个难题。

二、减轻学生课业负担过重问题的设想

减负是为了增效、提质，是为了更全面地落实党的教育方针，把立德、树人作为教育的根本任务，全面实施素质教育，培养德智体美全面发展的社会主义建设者和接班人。为此，我们设想通过以下途径实现减负增效提质。

1. 引导学校、教师树立正确的教育观和质量观

市教育局正在构建《学生综合素质评价体系》，建立以学生整体素质水平

为标准的综合指标体系，以此衡量学校的教育教学质量，引导学校、教师树立正确的教育观和优秀的质量观，并进行广泛地宣传，使科学的教育教学质量观成为社会共识，全面实施素质教育，全面落实党的教育方针，用理性与情感的方法培养理智与情感都健全的人，实现减负增效提质的目标。

2. 完善机制，规范管理

一是要坚守教育法规，落实有关减负规定，学生在校期间，班主任要严格执行上级在作业等方面的规定。二是要建立完善的制度，如建立家庭作业申报制、班主任协调家庭作业总量制、年级组统一布置家庭作业制等，加大对学生课业负担的控制检查的力度。三是要规范教辅资料的征订和使用，避免被教辅资料牵着鼻子走，加重学生的课业负担。四是要组织教师相互交流、相互学习，积极开展研究，大胆探索减负增效提质的新思路、新方法，并加以推广。

3. 严格执行国家课程标准，杜绝课程因素引起的增负

学校要严格执行国家课程标准，必须开齐课程，开足课时，杜绝课程变动使减负落空。例如，减少所谓的"次科"课时、增加所谓的"主科"课时的做法为"主科"教师随意拔高教学要求提供了条件，导致教师"以评代讲"，学生"以做代学"的情况出现，这种做法直接导致教师教学效率降低、教学内容把握的准确度下降，学生自学能力越来越低等恶果，形成"加课→减效→降质→加课"的恶性循环，使减负成为一句空话，也会导致减少课程学科的课程功能得不到有效发挥，使学生不能全面发展，最终导致素质教育落空等严重问题的出现。所以，市教育局将加大对学校执行国家课程标准情况的检查力度，以开齐课程、开足课时为基础，逐步实现开好课程，真正实现减负增效提质的目标。

4. 大力促进教师专业发展，为减负增效提质提供有力保障

学校要采取"请进来，走出去"的方法，加强内部交流，协助教师提高学历层次等切实有效的措施，促进教师专业发展，使教师转变教育观念，优化教学行为，提高教学实效。学校采取的措施应实现教师了解学生的思维方式，按教育教学规律施教，让教师减负的目标；让教师有更多的时间关心学生的成长，避免评议结果反馈"老师过度依赖家长督促、检查学生完成作业"的现象出现，为家长减负。同时，让教师更好地引领学生成为知识的主人，增强他们的

学习信心，减少对题海的依赖，为学生减负，为实现减负增效提质提供有力的保障。

5. 因材施教，实施分层教学

学生课业负担过重，很大程度是由于社会对学校、家庭、学生的期望值过高，学校、教师对学生的要求过于统一所导致的，使得越往下层的学生，学习越困难，学习压力越大。因材施教、实施分层教学是化解学生课业负担过重问题的有效途径，通过分层设定教学要求、分层教学、分层布置作业等途径，使全体学生都能在合理的负担范围内实现学习效率最大限度的提高。

6. 加大宣传力度，形成减负合力

相关部门要加大减负的宣传力度，使群众允分认识过重的课业负担对学生成长的危害，形成正确的教育观，让社会对学校、家庭、学生有合适的期望值，为学校全面推进素质教育、实现减负增效提质创造良好的社会氛围。

本地学科教学情况分析

轰轰烈烈的课程改革进行了多年，对本地而言其实推进得并不顺利，"穿新鞋，走老路"的情况还普遍存在，有必要对本地目前的学科教学状况作一些分析，以便更好地加以改进。

一、学科教学存在的主要问题

1. 教学理念落后，教学方法陈旧

教师们从整体上来看每天工作勤奋、教学兢兢业业。然而，教师整天忙碌、劳累，而部分学生却没有学习兴趣，不想学甚至厌学，这是摆在我们面前最残酷的现实。之所以出现这种状况，是因为我们在教学工作中忽视了学生这个教学工作的主体，没有以学生的全面、和谐、主动发展和个性充分发展为本。例如，有的教师备课时不考虑如何启发学生，上课时不注意调动学生的积极性，不能让学生积极地参与课堂教学；课堂上，有些教师过多地把持课堂，学生很少有自主学习的时间、机会，教学活动过于单一，使学生自主、合作、探究的学习方式未能全面真正地实施；有些学校的教学管理工作关注更多的也是教师的"教"，而忽视了学生的"学"，部分教师仍运用旧的课堂模式，仍旧在教学上大搞"满堂灌""满堂空"。

2. 教学目标不明确，教学重点不突出

由于对课标学习不深，对教材、考纲钻研不透，有的教师只按照教参和下载的教案和课件上课，对于哪些知识是了解层面，哪些知识是理解层面，哪些知识是掌握层面，哪些知识是要会运用的，哪些知识是教学的难点、重点等，教师不够明确或根本不明确。所以一节课下来使学生很迷茫（这节课到底应该

学些什么？应该掌握什么？），也就无法巩固和自测。

3. 教学设计不科学，教学效率不够高

教学设计不科学，就会降低教学效率。例如，课堂提问就有以下问题存在：

（1）提问过于简单，没有思考价值。有些教师喜欢问"是不是""好不好""对不对"等，这样的提问毫无价值，学生的发散思维也得不到训练。

（2）提问没有新意，长此以往，让学生生厌。

（3）让学生带着问题阅读课本时，问题设置过大，提出的问题空泛、难度大、针对性差，造成学生思维的障碍，让学生"丈二和尚摸不着头脑"。

（4）提问对象过于集中，只顾优生而忽略学困生，很容易挫伤学困生的积极性。

（5）提问过于急于求成。有些教师发问后，还没有给学生足够的思考时间就要求其立刻作答，这样只会压抑学生的思维训练。

以上种种提问的做法都是不科学的，不仅收不到预期的教学效果，还会扼杀学生学习的积极性，更不用说培养思维能力了。

4. 片面追求先进的教学手段，没有将其与传统教学手段有机结合

现在教师在教学过程中普遍使用现代的教学媒体，产生了严重的依赖性，即过分地依赖电教平台。虽然电教平台对教学的辅助作用很大，可是教师（特别是理科教师）用惯了电教平台后却变成了嫌板书、演练过程麻烦，平时也不常板书、演练了，只是边讲边点鼠标，一个问题接一个问题的提问，先让学生回答，然后就给出答案。整堂课都是这样进行，只是到了上公开课时，才用板书来点缀一下，导致现在的学生对理科学科的演练过程往往不求甚解，更不要谈知识的拓展延伸了。个别教师甚至在停电的时候只让学生做练习或自修。

5. 对实验教学不重视，教学仪器落后

部分学校教师存在不重视实验教学的问题，实验教学"以讲代做"的现象。同时，部分学校不注意更新教学仪器设备，新购买的教学仪器也大面积出现不达标、不能使用的情况。双重原因导致了实验开课率不高、学生实验能力差、学科教学效率低等情况的出现。

6. 学生作业的布置与批改不科学

一是作业不分层次，学生没有选择作业的权利；二是为应付学校检查，只注

重次数，不注重作业训练的面和量，更谈不上作业训练的梯度；三是作业形式单一，基本上都是巩固性的书面作业，缺乏一些具有实践性、活动性、探究性的作业；四是能够让学生当堂完成书面练习性作业的教师较少，大部分都是让学生在课后完成，挤占了学生自习和课外活动的时间，不利于学生自主学习能力的培养。

7. 学段一体化教学规划与训练不科学

学段一体化教学在一定程度上存在"教师教得累，学生学得苦；时间耗费多，教学效益低"的问题，主要体现在以下三个方面：

（1）缺乏整体规划。学校对训练（包括课时训练、单元训练、综合模拟训练，下同）内容缺乏整体的规划和布局，缺乏规范的训练，缺乏有效的过程管理；重毕业年级，轻基础年级；重升学指标，轻素质培养；重教学计划，轻学科规划。

（2）缺乏系统管理。教师教学着眼局部内容，知识散乱；要求不分轻重，目标泛化；课堂追求形式，过程表演化。作业布置多，针对性训练少；难题重视多，基础关注少；试题练得多，有效讲评少。

（3）缺乏科学命题。平时训练命题零敲碎打，不成系统；无效重复，遗漏空白；目标脱节，训练低效。

8. 校本教研流于形式，教师参与的积极性不高

近年来，因地方经济所限，为了提高教师素质，市、县级教育局也要求各校以校本研训为主阵地组织开展校本研训工作，包括专题研讨、听评课活动、基本功的培训学习与竞赛等。然而，校本研训工作却只停留在学校安排布置、教师应付完成的层面上。工作开展前的宣传发动不够，没有深入调查教师的需求，教师的认识不足等原因致使校本研训流于形式，未取得实际效果。

9. 教师自学进修的自觉性不强

有些教师平时不注意加强进修学习，而自考函授学习多是功利性的，目的是提升学历。许多教师不重视教育理论的学习，不注重多读书，不善于积累知识，不努力提高自己的教学业务水平，也不注意了解、联系社会生产生活的实际和科学技术的发展。

二、教学上急需帮助解决的问题

（1）如何加强对教师的培训，提高教师的教学技能？如何通过"走出去，请进来"的形式，让教师多学习，不断更新教师的教育教学观念，提升教学的业务水平？

（2）如何加强备课组活动，提高集体备课的质量？怎样探索适合我市的备课组活动形式，让教师从"要我参加"转变为"我要参加"，很乐意地主动进行备课组活动，主动想办法提升集体备课的质量？

（3）如何寻找合适的教学模式，提高课堂教学的效能？怎样探索适合我市的课堂教学模式，让教师易操作、有效果？

（4）如何提高课堂教学效能？

（5）如何加强学段教学一体化规划和有效训练？

（6）如何加强尖子生培养？

三、特别思考以下问题

1. 教师专业成长方面

（1）如何从讲座、网络培训等被动接受式培训，转变为主题研究、体验式培训等自主式培训？

（2）如何提高省、市、区、校四级培训的系统性、针对性和实效性（培训也需顶层设计，整体推进）？

（3）教师如何在课程开发、课堂教学改革、课题研究的实践中找到自己的价值感和归属感？

（4）如何建立师生共同成长的"学习共同体"？

2. 课堂教学改革方面

（1）成功的符合教育本质的课堂教学改革模式是什么？

（2）教学中应如何整合教材资源？如何开发地方课程和校本课程？

（3）如何引领教师备课组转型为研究型的团队？

（4）如何转变、更新教育管理人员的教育理念，建立更为科学、有效的评价机制，引领教育教学改革？

（5）如何引领学校成立专门的协调机构，负责推进课堂教学改革、课题研究、校本课程开发、学生成长系列活动设计等活动（需思考解决操作中的技术问题）？

比较视野下高考物理全国卷备考研究

2016 年起广东省普通高考开始使用新课标高考全国卷。为了做好全国卷的备考工作，有必要思考广东省的考生应考全国卷会遇到什么问题，再从解决这些问题出发寻找备考的策略及做法。为此，只有总结广东卷的考试情况，对比全国卷与广东卷的异同，才能合理地推测考生将会出现的问题，进而有针对性地解决问题，帮助学生提高答题技能，考出水平。

一、广东卷的特点与考生答题情况

从 2010 年开始，广东省实行"3 + 文综/理综"的新课标高考方案，延续了由广东省教育考试院自主命制试卷的做法，这一高考方案与 2016 年全国卷的高考方案最为接近，因此，收集近六年的高考物理广东卷，展开具体分析。

1. 广东卷的试题特点

（1）试题结构相对稳定。选择题 46 分，单选 4 题，双选 5 题；实验题 18 分，力学实验、电学实验各 1 题；计算题 36 分，力学、电磁学各 1 题，六年一贯，相对稳定。

（2）各种题型的题目难度相差较大。选择题难度系数为 0.65 ~ 0.84，实验题难度系数为 0.60 ~ 0.76，计算题难度系数为 0.20 ~ 0.59，不同题型的难度差距和同一题型题目的难度起伏都是比较大的。

（3）有较多的基础分铺垫。近六年的广东卷，整卷有较易的选择题和实验题 64 分，以及整体难度系数在 0.60 以上（大部分在 0.7 以上）基础分铺垫的题目。

2. 考生答题基本情况

（1）近六年广东省高考物理科平均分及难度统计见表 1。

表 1　近六年广东省高考物理科平均分及难度统计表

年份	2010	2011	2012	2013	2014	2015
平均分	66.49	57.21	62.14	52.36	54.22	58.98
难度	0.66	0.57	0.62	0.52	0.54	0.59

（2）近六年广东省高考物理各题型答题情况见表 2。

表 2　近六年广东省高考物理各题型答题情况表

年份	2010			2011			2012		
题型	平均分	难度	零分率	平均分	难度	零分率	平均分	难度	零分率
选择题	37.09	0.81	—	35.30	0.77	—	38.48	0.84	—
实验题	12.53	0.70	0.40%	10.77	0.60	2.30%	11.32	0.64	电学：0.62% 力学：1.08%
计算题1	10.68	0.59	18.00%	7.38	0.41	32.40%	8.79	0.49	21.07%
计算题2	6.19	0.34	30.70%	3.78	0.21	44.10%	3.54	0.20	41.98%

年份	2013			2014			2015		
题型	平均分	难度	零分率	平均分	难度	零分率	平均分	难度	零分率
选择题	32.15	0.70	—	30.00	0.65	—	32.9	0.72	—
实验题	12.56	0.70	力学：2.51% 电学：9.82%	11.61	0.65	0.74%	13.7	0.76	未公布
计算题1	3.80	0.21	49.27%	7.41	0.41	16.11%	5.11	0.28	未公布
计算题2	3.85	0.21	39.70%	5.20	0.29	28.14%	7.27	0.40	未公布

3. 考生答卷反映出的主要问题

大部分试题物理情境相对简单，难度较小，作答所需时间短。但是根据统计可知，整体的分数并不高。从近几年的广东省高考年报看，考生答卷主要有以下问题：

（1）基础不扎实。从近几年广东省高考年报物理科试卷分析中可以看出，考生答卷反映的学科基础问题主要有：审题能力较差，对物理情境的理解及分析能力较弱，导致建立的物理模型错误；基本运算技能弱，对图线的理解和数学工具应用欠佳；实验能力，特别是原理的扩展和应用能力较差；联系实际的能力、综合分析判断能力、知识迁移能力较弱；不理解基本概念和规律的意义，对基本公式也较多出现书写错误的问题。例如2012年、2013年试卷第35题零分率都很高，抽查发现，2012年第35题空白卷比例为抽样样本的52%，乱写公式为抽样样本的30%，在2013年第35题零分的49.27%的考生中，空白卷占8%，有41.27%的考生是动笔做了，但拿不到分。这说明考生对知识的理解和记忆这些最基本的基础存在较大的问题。从年报反映的情况看，考生在基础知识、基本技能上都存在着较多的问题，基础不扎实问题比较明显。

（2）解题速度慢。这几年计算题包括相对容易的第35题的零分率都很高，2012年第35题空白卷比例为抽样样本的52%，说明很多考生根本就没有做到最后两道压轴题，可以推断，即使做到的考生，时间也是很紧的，说明考生的解题速度普遍与高考的要求有较大差距。解题速度慢、答题时间不足是造成计算题平均分低及零分率高的主要因素，因此，提高解题速度是高考成功的必然要求。

（3）欠缺完善的解题规划。物理科成绩不理想、考生解题速度慢等情况，除了与考生基本学科素养等因素有关外，还与考生欠缺完善的解题规划，未能科学分配答题时间，从而影响正常水平的发挥有密切的关系。正如2014年广东高考年报物理学科试卷分析所说，"理综试卷作答的计划性不好，没有科学分配好各科或各类题型的作答时间，一直都是这几年影响物理成绩的一个重要因素"。

（4）学生学好、考好物理的信心不足。考生解题速度慢，计算题零分率高，物理科整体成绩不理想等，与物理学科对思维能力要求较高，学生平常学习测练中频繁受挫，对考好物理的信心不足也有密切的关系。失去冲击计算题的信心，考生对提高解题速度的信心和动力也会大受影响。

二、全国卷与广东卷的比较

尽管命题所依据的课程标准和考试大纲是相同的，但是全国卷与广东卷存在不少差异，教师只有认识这些差异才能更好地引导学生备考。

1. 试题结构及信息量比较

广东卷和全国卷试题结构有所不同，各种题型的题量及分值比较见表3。

表3　题型、题量及分值的比较表

试卷	题型	题量	分值	题型	题量		分值	字符数
全国卷	单项选择题	5	30	实验题	2		15	约2800
				计算题	2		32	
	多项选择题	3	18	选择题/填空题	1	(1)	5	
				计算题		(1)	10	
广东卷	单项选择题	4	16	实验题	1 (2)		18	约2000
	双项选择题	5	30	计算题	2		36	

从表3中可以看到，广东卷和全国卷的实验题、计算题均为两题，选择题全国卷8题，广东卷9题，如果把全国卷选做题的第一问看作一道选择题，则选择题两者都是9题，全国卷仅比广东卷多了一道10分的选做计算题。相对于110分与100分的总分差值，广东卷和全国卷的题量基本是相同的，但两者的信息量有一定的差别，广东卷整卷字符数约2000，试题较为简洁；全国卷整卷字符数约2800，阅读量及需处理的信息量显然要比广东卷大。

2. 各种题型的比较

为更清楚地对全国卷与广东卷进行比较，有必要对各种题型进行对比分析。

（1）选择题比较。广东卷设4道单项选择题，每小题4分，5道双项选择题，每小题6分，选择题占46分；全国卷设5道单项选择题、3道多项选择题，每小题均为6分，选择题占48分；广东卷以定性分析和判断为主，倾向于考查学生基本概念和基本规律的理解，最近六年高考物理科选择题难度有5年在0.7以上，最难一年难度也达到了0.65。广东卷的选择题以易题为主，基本没有难题，平均每题的作答时间也是较短的。全国卷倾向于概念和规律的应用，偏重定量运算或分析，大部分题目需通过定量计算才能获得答案，以中偏难的题目为主。难度系数0.7以上的易题较少，平均每题的作答时间要比广东卷多1/3以上。可以说广东卷与全国卷的最大区别就在于选择题，相对于广东卷，全国卷明显存在运算量大、难度高、耗时多等特点。

（2）实验题比较。广东卷和全国卷的物理实验题基本是"一力一电"结构，全国卷15分，占总分的14%；广东卷18分，占总分的18%。广东卷侧重考查实验过程，突出考查实验的操作细节，强调"只有动手做过实验才能得高分"的实验考查理念，推理分量不多，以中偏易的题目为主，最难的一年整体难度达到 0.6。全国卷侧重考查实验原理和实验设计，突出考查实验迁移能力和实验探究能力，难度以中偏难为主，平均作答耗时比广东卷多。对一般考生而言，全国卷的实验题，也许是其整卷题目中单位时间拿分最少、性价比最低的题型。

（3）计算题比较。广东卷的物理计算题采用"一力一电"的布局，全国卷则采用"一力一电结合"的布局。广东卷计算题排在全卷的最后面，是理综的压轴题，分值占比为 36%；全国卷计算题排在非选择题的最前面，分值占比约为 29%。虽然广东卷和全国卷均按"一易一难"命题，但广东卷计算题中较易的 35 题一般是中偏难的题目，也出过难度达 0.21 的难题，近几年普遍比全国卷计算题中较易的 24 题难。而广东卷计算题中较难的 36 题一般是组合型的问题，相对来说较易进行分步解决，而全国卷的 25 题虽然题目看起来比较简洁，但题内各元素关系密切，综合程度高，往往涉及对某一内容的深刻理解或对某一个知识点的深度应用，且运算能力要求较高，很多时候从题设的若干物理过程中建立了系列方程后，还需要找到彼此的联系，才能解决问题，例如，2013年 25 题需用微元法建立起宏观与微观的关系才能求解。所以，对思维能力、数学处理物理问题的能力等方面的要求，全国卷相对更高，平均用时也会更多。两题综合起来考虑，广东卷和全国卷的物理计算题整体难度、耗时等基本相同。

从上面的比较中我们可以看到，相对于广东卷，全国卷明显存在学科权重加大，信息量、运算量大，试题难点分散，更偏重对知识应用能力的考查，对运用知识熟练度及解题速度的要求都更高的情况。

三、考生面对全国卷可能存在的问题

根据考生的答题情况及广东卷与全国卷的比较情况，我们可以推断使用全国卷后，考生可能会出现的问题，具体如下。

1. 时间更紧，对解题速度的要求更高

从上面的分析我们可以看到，与广东卷相比，全国卷的计算题耗时同广东卷不相上下，但选择题、实验题耗时明显增多，整体对解题速度的要求更高。

对答广东卷时就存在解题速度慢、答题时间不足的广东省考生而言，使用全国卷时间会更紧，解题速度慢造成的影响会更大。

2. 对基础的要求更高，考生基础不牢的问题会更为突出

全国卷对解题速度的要求更高，其本质是对基础知识、基本方法运用的熟练度、灵活度提出更高的要求，同时，全国卷有信息量、运算量大的特点，对审题技能、应用数学工具的技能要求也更高，考生基础不牢的问题会更突出。

3. 心理因素的影响会更大，信心不足的现象会更为明显

物理学科对思维能力要求较高，学好物理本身就是一件较难的事情，再加上全国卷对物理学科高要求的命题思路，使物理学科成为理科综合中性价比最低的学科，平时复习花费的精力及遇到的挫折最多，考试中用时最多，成绩却是理综三科中最低的学科。从近几年使用全国卷的高考情况来看，物理学科的平均分常常比生物学科的还低。这让部分学生对物理科学习兴趣不大、信心不足的现象更为明显，心理因素产生的影响会更大。

4. 目标定位须更精确，制订完善的解题计划更为重要

对大部分考生而言，也许无论怎么努力，都不可能在规定的时间内完成物理学科的考题，因此，根据自身的实力，做好高考的目标定位，并按照自己的目标定位，制订完善的解题计划，使自己能够高效地完成考试，最大限度地发挥出自己的水平。

四、备考全国卷的策略

针对全国卷的特点及考生可能出现的问题，笔者对备考全国卷的策略概括为培育信心、夯实基础、提高速度、完善计划四个方面。

1. 培育学生学好物理的信心

物理学科是一门很容易打击学生信心的科目，首先是学科的特点问题，学科内容多，对思维能力的要求较高，十分难学。其次是高考考题要求高，题目繁难，考试答对率偏低，且对解题速度要求极高，鲜有考生能按时完成考题，相对于化学、生物科平均分偏低，十分难考。在高三备考过程中，尤其是备考初段，学生解题速度和应试能力均远未达到高考时的水平，如果以高考题为参照进行测练，对大部分学生而言题量和难度都要求较高，测练常常出现时间不

够和有时间也不会做的情况，学生很少能在考试和平常的训练中得到成功的体验，备考十分艰难。各种困难和频繁的学习受挫，容易造成图 1 所示的恶性循环，使学生失去学好物理的信心和动力。因此，高考备考中要时刻注意培养学生学好物理的信心。

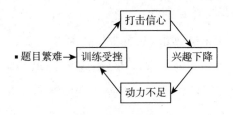

图 1　恶性循环

要培养学生学好物理的信心，必须消除打击学生信心的行为，让学生在学习中有成功的感受，形成如图 2 所示的良性循环。当然，教师要时刻注重复习备考的实效。为此，笔者认为，要培养学习的信心须坚持以下原则：一是确保教学处于学生的"最近发展区"，即在学生已经达到的发展水平至学生可能的发展水平之间，确保调动学生的积极性及复习备考的有效性。二是测试应尽可能让学生达到潜力的极限，平常的测练题目要精心设计，设计既贴近高考、难度适中，又符合物理知识本身特点和学生认知规律，对学生具有一定挑战性的题目。题目要求应分步到位，有一个螺旋式上升的过程，

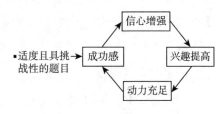

图 2　良性循环

测练题一定要能吊起学生胃口，不易不难，处于让学生跳起来能够得着的程度，处于能拿与不能拿之间，时间够与不够之间。三是认真落实分层教学。由于学生的水平、能力不尽相同，解题速度也有一个提升的过程，为了使不同层次的学生都能得到最大的收获，可分层要求。例如，在第一轮复习测试中，测试题目的结构可与高考题一样，但学生的解题速度达不到高考要求，可适当降低部分实验题或计算题的难度和内容量（以后逐步提高），让大部分学生都能完成大部分的题目，同时，通过适当设置附加题或在原有的题目中增加附加设问的形式，供有潜力的学生选做，确保各层次的学生都能达到较好的测练效果，使

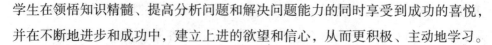

学生在领悟知识精髓、提高分析问题和解决问题能力的同时享受到成功的喜悦，并在不断地进步和成功中，建立上进的欲望和信心，从而更积极、主动地学习。

2. 夯实学生的学科基础

学科基础是高考能否取得高分的基础。要提高打基础的实效，必须加强打基础的针对性，围绕学生存在的问题进行，研究近几年高考考生普遍存在的问题，时刻关注学生复习备考中出现的问题，围绕学生在基础知识和基本技能上存在的问题来进行。例如，近年来，高考在基础知识方面存在的主要问题有：学生不理解基本概念和规律的意义，对基本公式也较多出现书写错误的问题，对知识的应用能力弱，使用不够熟练等。这些问题学生在复习过程中必须努力解决。笔者认为要解决这些问题，必须抓好理解、记忆、积累、综合、提高几个环节。理解是基础的基础，按考纲的要求就是要理解物理概念、物理规律的确切含义，理解物理规律的适用条件，以及简单情况下的应用；能够清楚地认识概念和规律的表达形式（包括文字表述和数学表述）；能够鉴别关于概念和规律似是而非的说法；理解相关知识的区别和联系。对考纲要求的知识点，要逐点过关，对主干知识应做到深刻理解，并能灵活运用。为此，对主干知识点可进行多次循环复习，以达到能力训练分步到位，知识多角度、深层次理解，基础反复夯实的目的。记忆就是要记住理解把握的东西。"记忆是智慧之母"，而"理解是记忆之母，重复是记忆之父"，所以，要在理解的基础上，把及时复习与经常复习结合起来，做到清楚基本概念，熟悉基本规律，熟练基本方法。积累就是要善于将新学的东西融入已有的认知体系中，善于将不同知识、方法分析归类，并通过反复记忆更新，使知识更全面、更系统，使公式、定理、定律的联系更加紧密。综合就是要正确处理知识的点和面的关系，重视知识体系的整合与建构，真正将前后知识融会贯通，连为一体，并逐渐从综合中找到知识、方法的纵横联系。有了前面对知识、方法的理解、记忆、积累和综合，通过知识归类、习题归类和思维方法总结，在头脑中形成科学的知识网络和能力结构，理顺解题的思路和方法，使应用知识解决问题的能力实现飞跃式的提高，包括知识、方法运用的熟练度、灵活度、深刻度，以及应用的创新度的提高。努力达到灵活运用、信手拈来的程度，使夯实学科基础落到实处。同理，对学生在基本技能上存在的问题，如审题能力较差、基本运算技能弱、实验技能不理想等问题，也应该有针对性地逐一解决。

3. 提高学生解题速度

对答广东卷时就存在解题速度慢、答题时间不足的广东省考生而言，面对解题速度要求更高的全国卷，可以肯定的是时间会更紧，解题速度慢造成的影响会更大，因此提高学生的解题速度对提高高考成绩的影响将显得更为重要。而解题速度决定于考生的学科基础、个人性格习惯、技能水平等综合因素，受审题、分析、建模、列式、求解、表述等解题全过程情况的影响。笔者认为，针对广东省考生的实际，在打好学科基础，提高基础知识、基本方法、基本技能应用能力及熟练程度的基础上，应重点做好以下几项工作：一是提高审题能力。学生通过模仿、思考和训练，大力提高从题目文字表述或图形中提取信息的能力，特别要提高抓关键词语的理解、隐含条件的挖掘、干扰因素的排除三个审题要点的能力，从而实现准确、快捷的审题，为顺利解题及快速解题提供良好的前提条件。二是平时要养成极速解题的习惯。学生通过平时的极速解题训练，不断提高自己的解题速度，同时，使以自己最快的解题速度解题成为一种常态，避免在高速解题时心急手慢、忙中出错。三是平常要养成规范解题的习惯。学生建立从读题审题、建立物理模型、选择研究的物理对象、分析物理对象的物理状态及状态变化的物理过程、从物理过程确定解题手段、规范表述解题过程等一系列规范化的严格程序，通过平时千锤百炼般的训练，最终使之成为自觉的解题习惯，有效地保障解题成功率的同时，避免因思考如何规范表达等的耗时，最大限度地提高解题的速度。

4. 制订完善的学科考试计划

面对全国卷的考试要求，大部分考生也许会出现无论怎么努力，都无法完成全部考题的情况，因此，制订完善的学科考试计划，对尽可能地发挥出自身的水平，拿到该得的分数，显得尤为重要。

笔者认为，制订学科考试计划应遵循以下几个原则：一是总分最大化的原则。应该侧重考虑的是综合科的分数最大化，而不仅仅是物理学科的分数最高，特别是对现在的全国卷。客观地讲，相对于广东卷，全国卷物理学科的权重更大，性价比更低，110分的总分，平均分常常比90分总分的生物、100分总分的化学都低，而考试耗时却是三科中最多的，三科中性价比最低的无疑是物理学科，而且全国卷物理学科的实验题和计算题排在非选择题的最前面，稍不注意就会因物理科的用时过多而影响性价比更高的化学、生物科的作答，从而影响总分。因此，考前需制订完善的综合科考试计划，规划好各学科的答题时间和答题顺序，并做好遇到难题等问题的处理预案，为实现总分最大化打下坚实的基础。二是易分先拿的原则。要实现总分最大化，就要做到平均单位时间拿分最多，在考试时间不够的情况下，就应按单位时间的拿分量决定答题的顺序，按易分先拿的原则作答。具体到物理学科，根据近年来的题目及考生作答情况，笔者认为，对一般考生而言，大部分选择题、选做题、计算题 24 题是基础题，拿分率相对较高，可以先做且应争取较高的分数，实验题和计算题 25 题拿分率相对较低，可视考试的实际情况，根据拿分效率高低有选择地做，在这些性价比不高的题目中，也要拿一定的分数作为补充。三是"因势而谋，顺势而为"的原则。"因势而谋"指的是考生应根据自身情况，谋划好具体的考试计划，包括总分目标、学科目标、各题的拿分目标及具体的答题顺序，各题的答题时间等操作策略。当然，高考不可能完全按自己设定的程式进行。"顺势而为"指的是考生要根据高考的临场情况灵活发挥，做到准确判断、快速反应，遇易题要敢取、细心地取，能得的不能失；遇难题、暂时没有思路的题要敢于舍，起码要暂时放下，且不造成心理影响，不要让遇到的难题影响整体的考试。四是整体兼顾的原则。三科要整体兼顾，根据自身的实际情况，制订学科考试计划，对各学科都做出较为合理的考试安排，不要受自己的爱好、兴趣等因素影响而有所偏颇。当然，制订完善的学科考试计划后，还要在平时的模拟测试中，反复试验核校，逐渐形成自己相对稳定的答题习惯。

参考文献：

[1] 广东省教育考试院. 广东高考年报（2010—2014）[R]. 广州：广东高等教育出版社，2010：220 - 240，2011：205 - 217，2012：202 - 221，2013：133 - 154，2014：135 - 156.

[2] 姚跃涌. 基于全国卷的高中物理课程与教学实施策略 [J]. 课程教学研究，2015（9）：36 - 42.

高考备考物理学科应着重抓什么?

高考备考最主要的目的是提高学生的学科应试能力,最终提高学生的高考学科成绩,为此应突出做好以下"六抓"工作。

一、抓基础:基础知识、基本方法、基本技能

基础知识:概念、公式、定理、定律……

基本方法:整体法、隔离法、等效法、估算法、极端思维法、图像法……

基本技能:受力分析、运动过程分析、画电路图、画过程分析图……

基础是最基本的,也是最重要的,基础没打好,其他就无从说起。基础往往不能一步到位,需要螺旋式上升,即使到了复习的第二、三阶段,还是通过练评、专题复习等,从不同侧面加深学生对知识的理解,提高学生运用知识的能力,基本方法和基本技能也需要在练评中渗透,在运用中提高。

二、抓有效的练评

练评是高考备考中必不可少的过程和手段,对提高学生运用知识的能力起着重要的作用,而练评的有效性来源于练评的针对性,而针对性是建立在了解的基础上的。针对近年来高考的变化及物理的学科特点,练评的内容特别要注意两点:

(1)对近年来才较频繁出现的提取信息问题、联系实际问题等新题型,资料中出现不多,学生相对陌生,必须做针对性的训练(量不宜太多),通过针对性的练评,让学生熟悉题型,掌握解决这些问题的方法。

(2)热点问题,特别是一些占分比较大的题目,如动量与机械能结合的题

型、带电粒子在场中运动的问题等，我们采取"与其伤其十指，不如断其一指"的做法，精选 8~10 道有代表性的典型题目（反对题海战术），让学生深入练习，再进行深入评价，务求提高学生的应对能力。

三、抓核心：物理过程分析

物理解题思路一般可概括为物理对象—物理状态—物理过程—方程—结果。

物理过程分析决定方程的建立，是解题的核心，是分析综合能力考查的核心，也是学好物理的关键，所以必须要抓好。对教师而言，在评讲时，要特别注意对物理过程的分析，帮助学生解决建立方程的问题。同时，教师应要求学生，在解题时所建立的方程，必须建立在已知条件或过程分析的基础上，非已知的必须通过过程分析得出，避免胡乱列式解题。

四、抓良好解题习惯的形成

良好的解题习惯包括良好的审题习惯、良好的分析习惯、分析过程中准确画草图的习惯、规范表达的习惯等。良好的解题习惯是解决（减少）粗心失分、表达不规范等问题的良策。习惯不是一朝一夕形成的，也不能指望一蹴而就，这必须依靠平时的功夫，首先要让学生明白怎样的习惯才算"良好""规范"，再常抓不懈，直至真正形成。

五、抓薄弱环节

中学物理知识点不多，基本的方法、技能也不多，所以，对有希望上三 A 线以上的学生来说，他们在知识、方法、技能上存在的薄弱点不多，问题是对薄弱点往往不够注意，也不容易发现，因而较难克服。各学校、各人的薄弱点也不相同，作为教师，要注意发现学生的薄弱点，尤其是较通性的薄弱点，并挖掘深层次的原因。学生做错题，往往不是偶然的，往往隐含着对知识理解的偏差、方法掌握不好等原因，所以要挖掘出来，再有针对性地解决。同时，教师要引导学生及时发现自己的薄弱环节、不足，特别要注意对自己做错的题目进行深入的分析，查找知识、方法上的不足，及时补缺，这样才能更快地进步。

六、抓心理素质的培养

在关键的考试中，考生的心理素质起着重要的作用，有时甚至是决定性的作用，所以，高考备考必须抓好学生心理素质的培养。对物理学科而言，特别要培养学生具有坚、韧、细、敏的心理品质。

坚：就是要有坚强的意志和不畏难的心理品质。首先，学生不应因碰到难题，就产生心理负担影响其他题的作答，老师也应让学生有遇到难题的心理准备。其次，要敢于碰难，不要轻易放弃，与以往时间过紧的作答方式不同，现在的高考，只要注意解题速度，时间还是比较充裕的，而且物理评分是分步给分的，所以要敢于在难题中拿分。

韧：就是要不怕繁，对自己有思路的题要一解到底（注意速度），不要这题做一下，那题做一下，要知道欲速则不达。

细：就是要做到胆大心细。审题、做题要细心，尤其是易题、半熟题，任何时候都不能掉以轻心，要与坚韧相结合，要有"我难，别人也难，但我不畏难，我更坚韧；我易，别人也易，但我更细心"的心理准备。

敏：即解题的敏锐性。物理题陷阱较多，隐含条件也较多，要有发现陷阱的敏锐性，保持高度警觉，要有挖掘隐含条件的敏锐性，充分挖掘题中的隐含条件。

高三毕业班教学质量提升的有效做法

备考，无论做什么和怎么做，说到底是为了消除各项目标差——各批次上线的目标差、各学科的目标差、学生个体的目标差等。从这个意义上来讲，准确定好目标、找准目标差并有效消除各项目标差，是高三毕业班教学质量提升的有效做法。为此，教师可采取"总览森林，而后树木"的做法。总揽全局，准确定位，确定奋斗目标；分析现状，找准上线目标差和学科目标差，确定主攻的学生群体；对主攻的学生群体进行个体分析，找出不同个体的目标差并加以有效消除。这就是提升高三毕业班教学质量，尤其是"壮大堆头"的捷径。

备考管理重在细节，复习效益重在课堂，效益体现依靠主体。下面分别从学校管理、教师教学和学生备考三方面来谈如何提升教学质量。当然，最有效的做法是把力量用在刀刃上，所以，我谈的仅是把力量用在刀刃上的一些个人看法，并不是备考的全部。

一、对学校提出两点建议

对于学校，为了消除目标差，应将备考的常规管理与动态管理结合起来，在此着重提以下两项建议。

1. 围绕原始分最大化原则备考

学校应围绕原始分最大化原则备考，一切为了实现原始分最大化。对这个问题，我记得在重新实行以原始分计分的第一年，我曾经做过专门论述，如怎样扬长补短，怎样发挥差距科目的作用，怎样以拿分潜力为导向进行有效教学实现原始分最大化等，在这里先不一一阐述，学校应该在这些方面多想办法。

2. 抓好两个边缘

（1）抓好边缘的学生。当然边缘生不仅仅是本 B 的边缘生，还应包括重点、本 A、本 B 等不同层面的边缘生，争取学生都上到他们应上的类别。在这里我特别强调两点：一是重视抓好尖子生和重点层，这是学校树立形象、吸引优生的有效途径，从学校长远发展来看，必须重视；二是客观看待学生的意见和教师的教学。要想取得好的效果，教师的教学，必须以本 B 边缘以上的学生为着力点，在讲、练、评等方面会有很多学生因跟不上而产生意见，作为校长要客观看待。

（2）抓好边缘的内容。对于一般的学生，高三的练习题特别是理科题基本上可分为三类：第一类是有充分把握解决的题；第二类是找不到解决问题的突破口，难以下手的题；第三类是虽然可以解答，但总觉得心中无底，或者好像可以做出来，但一时又得不出正确解答的题。这三类题反映了学生的真实能力水平。第一类是在学生能力水平以内的题，应采取"做过且过"；第二类是超出了学生能力水平的题，是难以在短时间内搞懂的问题，即使听老师讲评后好像懂了，到他自己独立处理类似问题时，也会觉得力不从心，这样的题目既不利于学生分析解决问题能力的提升，也不利于学生心态的调整。对这类问题可采取"得过且过"的做法。第三类则既反映了学生的薄弱环节，又是可望且可及的目标，也就是我所说的边缘内容，这些可作为主攻内容采取"绝不放过"的对策，下特别功夫，让学生彻底弄清，同时要求学生进行回味、思考、总结，分析思考在知识、方法和技能上的收获及体会，达到"会一题懂一片"的效果。如果我们的讲、练、评都建立在对象生的"最近发展区"，其效果是难以想象的，整体提高一二十分完全有可能。

二、对教师提出以下建议

对于教师，应建立"复习效益重在课堂，效益体现依靠主体"的理念。教师应以课堂教学为备考的主渠道，充分调动学生的积极性，以学生的最大提高为教学的出发点和终极目标，时刻瞄准高考备考。我在此也提两点建议。

1. 高屋建瓴、整体把握、稳步推进

要取得好的备考效果，教师在备考中首先要做到"高屋建瓴、整体把握、

稳步推进"。为此，教师首先要弄清楚高考考什么和怎么考两大问题，进行整体的把握。因此，教师必须认真研究高中课程标准、考试大纲和近年来的真题，把高考从形式到结构、从内容到方法弄透，从而明白备什么，进而思考怎么备，做好详细的规划，稳步推进备考工作。我个人认为，备考要在备好基础知识、基本技能、基本观点和基本方法的基础上，把重点放在系统地掌握课程内容的内在联系上，放在掌握分析问题的方法和解决问题的能力上，时刻瞄准高考的要求，才能取得好的备考效果。

2. 掌握实情、找准标差、内动提效

复习效益必须依靠主体去体现。因此，备考过程，教师必须时刻掌握学生的学习实情，找准学生学习与目标的差距，找准学生的"最近发展区"，把准教学的"标"和"度"，有的放矢地进行教学。同时，教学必须调动学生参与的积极性，既要注重行为活动，也要有意注重思维方式方法的训练与指导。这里我要特别指出，很多教师上课往往注重外显的外动、气氛等，忽视学生对知识内化的内动的筹谋与指点，而这其实才是最重要的。学生不用思考的课是失败的课。所以，教师要加强对学生内动的重视和谋划，真正提高教学实效。

三、对学生提出以下建议

对于学生，他们是体现备考效益的主体，备考思路决定了其备考的效率。我个人认为，提高学生自身的备考实效，最重要的是做好两方面的工作，即感悟内化和反思纠偏补缺。

1. 感悟内化

在感悟内化方面，我觉得特别要注意以下几个方面：

（1）对考点，做到逐一感悟、逐点攻克。

（2）在课堂上，要做到跟思路、找感觉、自概括、悟迁移。

（3）对讲评，要做到自我跟进、用心领悟、自我归纳、举一反三。

（4）对训练，要做到规范尽速、领悟提高、反馈跃进。

（5）对知识、方法、技能及时分类、比较、概括、归纳，内化为自己的东西。

2. 反思纠偏补缺

学生在学习过程中必然会产生各种问题，包括知识、方法、技能理解把握上产生偏差、存在缺漏等。这些问题对冲本科的学生来说，可能不会很多，但它的影响可大可小，而且不易被发现，尤其是把握上的偏差，所以，必须经常反思，及时查补。特别是对做错的题目，要从根本上找到原因消除隐患。

关于"小综合"备考的一些思考

2010 年广东省高考实行"3 + 小综合"的模式，与 2009 年的高考相比，最大的变化在于"小综合"，其包含的 6 个学科，考试时间、分值、内容、题型、题量、难度及备考要求都发生了重大变化。作为一线的学校和教师，必须认真研究这些变化，适应这些变化，有效应对这些变化。在此，谈一下笔者对这次改革的一些思考。

一、新方案可能带来的变化

1. 学科地位的变化

与 2009 的首选科相比，2010 年广东省高考 6 科中每科的分数都减少了 86 分，学科的地位下降了，但 6 科所占的总分不变，而且拉的差距更大，区分度更高，也就是说，在选拔中所起的作用更大了。因此左右 2010 年高考的变数，关键在"小综合"。

2. 对考生综合素质的要求提高了

三科合考，三科相互干扰，学科思维不断转换，对学生应考能力的要求提高了；单科题目减少，单题的平均占分高了，综合程度极可能会提高，但平均每题的答题时间减少了，因此，对考生答题的准确度、解题速度及综合考虑问题的能力要求高了；三科合考，要取得相对较高的分数，就不能有太弱的学科，因此对考生学科发展的均衡度要求高了。

3. 对基础的要求更高了

与 2009 年的首选科相比，2010 年广东省高考单科的内容基本不变，但课时少了，学生投入单科学习的精力也少了（高要求的科目多了），同时，由于学生学业水平与 2009 年首选科的学生相比，普遍差距较大，基础更差。但平均分又不能太低，与 2009 年首选科相比，题目绝对难度估计会有所下降，对基础的要求更高了。教师要坚信"基础行则综合行"。

4. 在资源配备、协调管理等方面，对学校提出了更高的要求

教师配备要求更齐全、更均衡；教学条件特别是实验条件要求更高了，理综的实验占分在 60 分左右，比原来的 20 多分高了一倍多，对实验的要求及其所起的作用大为提高了；对学科间的有效协作要求高了，相应对学校的协调管理能力要求高了。

5. 对教师的要求高了

学生差距更大，基础更差，教学中需要兼顾的面更大了；考点基本不变，但题目大幅减少，可用的时间减少了，如何在打好基础的同时，突出重点，做到抓准抓好，对教师教学效率要求高了，对教师内功的要求高了，对教师备考中讲、练、评"度"（难度、深度、广度、准度等）的把握更高了；还有，综合考试必然要求学科联动，对教师的协作交流能力要求更高了。

面对这些变化，我们必须认真研究，适应它，应对好它。

二、应对策略

总策略：围绕原始分最大化原则备考。

原始分 = 存量 + 增量。存量是目前能考的分数，是一定的；增量是后段努力增加的分数，能否实现原始分最大，关键看增量。所以，我们的一切备考工作都要围绕实现增量最大去开展。

1. 课时安排：围绕实现增量最大去安排

总体上在要求各科讲求课堂效率、加强教学计划性的基础上，实施"按需分配"，按实际需要分配课时，围绕实现增量最大去安排课时，以合适为原则，不要按分数比例定课时比例。例如，现在 X 科中还有一个模块没上，上完一个模块的标准是 36 课时，现在一些学校按 6∶4 的比例安排 3 与 X 的课时，4 节/周的课时 X 科可能真的不够，如此下去可能真的会煮"夹生饭"，多安排一节下去，如果课时不够，即使在已经完成新课的 3 中，拿一节下去，产生的分数增量都会远远大于原来一节产生的增量，这就是增量最大备考。

2. 必须加强教学的针对性，提高课堂教学实效

要提高课堂教学实效，教师备课、上课、测练必须弄清并围绕"考好高考需要备什么？学生当前需要什么？"这两个需要去开展，以解决这两个需要为目标，有针对性地开展。

高考考知识、方法、技能，教师要结合题型特点复习。建议多给教师创造外出学习的机会，尤其是与命题及政策制定相关的人员学习的机会，往往能起到事半功倍的效果。

从总体上说，综合科备考有下面几大需要：

（1）需要学科均衡发展。

教师必须抓均衡，不均衡则相当于考少了分数。现在有人为制造不均等的现象。学科命题估计也会追求相对均等，可能会出现越难的科目越容易拿分的现象。各学科必须把握好练的难度。

（2）需要很好地适应考试模式。

现在学生还不能很适应当前的考试模式，分开考分数比合考高。

（3）需要很高的解题速度。

这是一个很突出的问题，我提出"现在突出存在的问题是什么？"时都提到"学生做不完按新方案题型出的题"。其实，新方案对解题速度的要求大大提高了，以物理为例，2009 年是 6 分钟 1 题，现在是不到 4.17 分钟 1 题，每题少了近 1/3 的时间，现在做不完是正常的，但高考做不完是会"一招至败"的。"速度不够快，懂也没用"，所以我们必须大力抓解题速度的提高。

（4）需要综合能力及解题的准确度。

题目综合度增加，学生需要具有综合运用知识分析并解决问题的能力；每题占分多，学生需要提高解题的准确度，这都要求我们平常抓好。

3. 注重做好扬长补短工作

扬长补短是提高总分最有效的途径，在此我仅谈扬长。扬长很重要，特别是对于尖子生和拉差距科目。现届的市领导对有学生上北大、清华很渴望，而我们的学生为什么总差一点点呢？一个很重要的原因是在拉差距科目上没能冒尖，如数学、物理、地理等，没能做到能别人所不能。例如，2009 年的谭乐，语文 122 分、理基 144 分、物理 143 分已经不错，英语 128 分稍差，关键是数学133分太少。

4. 注意在全覆盖的基础上，突出重点

全覆盖是因为不知考哪里，但各知识点的出现概率是大不相同的，所以必须突出重点。以物理为例，二类知识点只占20多分，但占比约70%，因此该类知识点必须重点学习。

5. 认真做好以前行之有效的工作

分层教学、分类推进；抓尖子、抢边缘等。

三、教研室的一些工作思路

在这里我首先表一个态，虽然教研室人手很少，但我们会尽最大努力负起科室职责，做好服务工作，在谢局、欧局的领导下，重塑教研室形象，也希望各县（市、区）教育局、各学校对我们的工作给予配合和支持。近一段时间我们应准备做好以下工作。

1. 组织有关人员学习研究，拿出切实可行的备考方法措施

通过开校长联谊会、学科备考工作会议等，提高对2010年高考新方案的认识，学习研究相关方案、文件，拿出切实可行的方法措施，提高备考实效。接下来准备开学科备考工作会议，分散到各学校开，请安排到的学校给予支持。

2. 最大限度地寻求外援，学习先进的备考经验

寻求专家帮助，加强对外学习，争取上级支持。

3. 全市联合行动，发挥团队威力

组织全市联合研究，探讨有效措施；组织重点中学各科编写1～3份专题复习资料或考试测练题，由市教研室收集并放到公共邮箱中，供教师下载使用，做到信息互通，资源共享，达到以少博多，减轻教师负担的效果；联合组织月测；等等。

4. 寻求有效办法，做好"抓尖子，抢边缘"工作

让尖子生帽尖，增加上线量，是我们高考备考的两大主要任务。"抢边缘"包括两层含义：一是学生能力边缘的题目，即自己有可能拿下，但又有一定的难度，把握不好就很可能丢分的题目，这是学科提高的突破口，也是提高学科成绩的捷径，这是对不同层次的学生均有效的做法。二是对处于各线上线边缘的学生，抓好学生成绩的有效提高，是提高各线上线率的关键。对这些工作，我们必须高度重视，寻求切实有效的办法，努力做好相关工作。

5. 构建有效的沟通交流渠道，充分发挥教研室的作用

教研室在充分发挥教研办公网作用的基础上，构建学科网页或公共邮箱，搭建学科交流平台，在方便交流的同时，积存学科资料。

谈在特色课程教材体系下高考物理学科备考策略

为了贯彻落实《国家中长期教育改革和发展规划纲要（2010—2020 年）》和教育部有关基础教育课程改革文件精神，推进广东省教育综合改革，开展建设广东省特色基础教育课程教材体系工作，从 2010 年开始，广东省普通高考实施了"3 + 文/理科综合"的新模式。经过两年的高考，理科综合物理学科试题重视对基础的考查，注重能力考查，以主干知识为主，题目考点不怕与往年重复，以大容量考查考生熟练度等命题风格端倪渐显，因此，可以从其命题风格和考生在考试中反映的情况，寻找高考备考的策略和措施。

一、从题目及考生作答情况分析物理学科备考的关键

这两年的物理学科试题，题目难度起伏是很大的，可以说是经历了从谷底到顶峰的变动。但就是被广泛认为过难的 2011 年高考物理学科试题，其实也是以基础题为主的，选择题难度系数为 0.77，实验题难度系数为 0.60，应该说是较基础的，就是难度超过设想值，最难的 35、36 题，从题目本身的难度看，35 题的前两问，36 题的第一问还是比较基础的，所以，高考备考要解决的第一个关键问题是如何夯实学生的学科基础。

2011 年高考物理学科试题是以基础为主的，为什么考生的成绩不高呢？我们不妨看看 2010 年、2011 年广东省高考物理成绩情况表（表 1），从表中可以看到，2011 年 35、36 题的零分率分别是 32.40% 和 44.10%，而这两道题目都有较多的基础分，且评分标准也是相对较松的，很显然，零分率这么高，说明很多考生根本就没有做到这两题，可以推断，即使做到的考生，时间也是很紧的，即使是理综题目难度较低的 2010 年高考，36 题的零分率也达到了

30.70%。而这些题目正是拉分差的题目，地位十分重要。因此要在广东省普通高考理综科中取得好的成绩，解题速度起着决定性的作用。由此，我们得出了高考备考中要解决的第二个关键问题：如何大力提高学生的解题速度。

表1　2010年、2011年广东省高考物理成绩情况表

题号	2011 年				2010 年			
	题型	平均分	难度系数	零分率	题型	平均分	难度系数	零分率
13～21	选择题	37.09	0.81	—	选择题	35.30	0.77	—
34	实验题	12.53	0.70	0.40%	实验题	10.77	0.60	2.30%
35	力学计算题	10.68	0.59	18.00%	电学计算题	7.38	0.41	32.40%
36	电学计算题	6.19	0.34	30.70%	力学计算题	3.78	0.21	44.10%

当然，无论夯实学生的学科基础，还是提高学生的解题速度，对学科学习的信心和动力都是十分重要的。然而，由于物理学科对思维能力要求较高，在高三备考初段，学生解题速度和解题能力均远未达到高考的要求，另外是测练的题目又不能少。同时，由于高考大部分题目较基础，特别是选择题、实验题，与高考题相比，测练时容易出现题目偏难、偏繁等现象，常见的情况是：选择题题目过难、过繁，运算量过大，造成考试答对率偏低、用时过多；实验题不按主要考实验原理、实验过程设计题目，造成学生感觉别扭、棘手，答对率偏低；计算题由于前面题目过难，用时过多，测练时容易出现没时间做和有时间也做不了的情况，使学生频繁受挫，容易造成学生"训练受挫→打击信心→兴趣下降→动力不足→训练受挫"的恶性循环，逐步使学生失去学好物理的信心和动力，特别是容易失去冲击排在最后且难度较大的计算题的信心，自然也就失去了提高解题速度的信心和动力。因此，高考备考中要解决的第三个关键问题是如何培养学生学好物理的信心。

二、具体操作措施

1. 培养学生学好物理的信心

要培养学生学好物理的信心，必须让学生在学习过程中有成功的体验，形成"成功感觉→信心增强→兴趣提高→动力提高→成功感觉"的良性循环。为此，测练题目设计要既贴近高考，又符合学生实际水平及认知规律，具有一定挑战性，能引领学生逐步提高。由于高考选择题、实验题难度较低，平时训练

的题目可以一步到位，第一轮测练就直接达到高考题的难度要求。而计算题由于高考是难易分明的，要有一个螺旋式上升的过程，测练题一定要设计在学生的"最近发展区"。当然，由于学生的能力、水平、解题速度有差异，可分层要求。例如，在第一轮复习的测验中，测验试题的结构与高考题一样，但学生的解题速度离高考要求还有距离，可适当减少实验题的量（以后逐步增加），让大部分学生都能完成大部分题目，同时，增加一道附加的计算题，让尖子生感觉到有一定难度，而且时间较紧，可以确保学生都能够得到较好的测练效果。同时，教师要通过测练和讲评让学生明白：计算题很重要，是区分考生层次的关键题目；让学生树立自己能不断突破的信心，并明白要进一步突破，必须打好基础，同时提高解题速度；使学生在领悟知识、提高能力的同时，享受到成功的快乐，并在不断的进步中建立进一步提高的欲望和信心，从而更主动、积极地学习。

2. 夯实学生的学科基础

夯实学科基础是高考能够得高分的基础。学科基础包括基础知识、基本方法和基本技能，笔者认为基本方法和基本技能的培养应融合在基础知识的学习中。对广东省高考理综的物理学科而言，由于其对各基础知识点的考查力度不同，复习的力度也应有所不同。我们不妨来看看2010年、2011年考点的分布情况（表2）。

表2 2010年、2011年考点分布统计

题号	2010年		2011年		分数
	内容	要求	内容	要求	
13	力的合成和分解	II	分子运动论的基本观点	I	4
14	热力学第一定律	I	热力学第一定律	I	4
15	气体实验定律	I	法拉第电磁感应定律	II	4
16	法拉第电磁感应定律	II	力的合成和分解	II	4
17	匀变速直线运动及公式图像	II	抛体运动	I	6
18	原子核	I	光电效应	I	6
19	交变电流的图像	I	交变电流	I	6
20	力学混合	II	环绕速度	II	6
21	点电荷的电场	II	库仑定律	II	6

续 表

题号	2010 年		2011 年		分数
	内容	要求	内容	要求	
34	研究匀变速直线运动、测电池的电动势和电阻	Ⅱ Ⅱ	研究匀变速直线运动、伏安特性曲线	Ⅱ Ⅱ	5 13
35	功能关系	Ⅱ	带电粒子在磁场中的运动	Ⅱ	18
36	带电粒子在磁场中的运动	Ⅱ	功、能关系	Ⅱ	18

从表 2 中我们可以看到，广东省物理学科的考题具有重点突出、内容稳定、不怕重复的特点。针对这一情况，对基础知识的复习，笔者概括为三句话：全面覆盖，突出重点，狠抓热点。全面覆盖：就是对考试说明要求的知识点，要全面复习，不留空白点。这一方面是为了使学生更好地掌握知识，物理学有严密的逻辑体系，各知识点间有千丝万缕的联系，一部分对另一部分有重要影响，为了使学生更好地把握，必须全面覆盖；另一方面也是为了应对考试，每年考题都会对"边角的知识"进行抽样考查，如 2011 年就考了第一宇宙速度等"边角的知识"。突出重点：从表 2 的统计来看，占知识点 31%（27 个）的 Ⅱ类要求知识占了 80% 的分数，Ⅰ类要求只占了 20% 的分数，知识点却占了 69%（60 个），这 20% 的分数也出在没有 Ⅱ类要求内容，但有考试要求部分（如原子物理、热学等）的主干知识点上。所以在备考中必须把 Ⅱ类要求的知识点，以及有占分要求又没有 Ⅱ类要求的内容的主干知识点作为重点加以突出。狠抓热点：就是要狠抓这两年考过的知识点，从表 2 中我们可以看到，这两年考查的大部分知识点是重复的，具有内容稳定、不怕重复的特点，可以推断，2012年大部分的内容还会出在这两年考过的知识点上，这些知识点是重点中的重点，必须狠抓。

理解、记忆、积累、综合、提高是夯实学科基础的重要环节。理解就是要对考试说明要求的知识点，按其要求逐个理解，尤其是对上述的重点和热点知识要做到深刻理解，灵活运用。记忆就是对已把握的知识点记住，做到清楚基本概念，熟悉基本规律，熟练基本方法。积累是要将新学的东西很好地融入已有的认知体系，通过反复更新，丰富自身的知识体系。综合就是要构建整合知识体系，使掌握的知识融会贯通，加强知识、方法的纵横联系。提高就是在进行了知识体系、能力体系构建的基础上，再通过科学的训练，提高知识、方法应用的灵活度、熟练度、深刻度和创新性，使夯实学科基础真正落到实处。

3. 提高学生解题速度

在普遍做不完的高考物理学科考试中，提高解题速度是获取好成绩的关键。在夯实学科基础，提高知识、方法应用能力及熟练程度的基础上，还应做好以下工作：一是提高审题能力。学生通过训练总结，大力提高从题目中提取信息的能力，准确把握题意，实现准确、快捷审题，为正确、快速解题提供好的条件。二是平时要养成尽速解题的习惯。学生通过平时的尽速解题训练，不断提高解题速度，同时，使尽速解题成为自己的一种常态，避免高速解题时忙中出错。三是平常要养成规范解题的习惯。学生建立从审题、建模、分析、表述等一系列规范化的操作程序，通过训练使之成为习惯，有效地提高高考拿分能力的同时，避免思考如何规范表达等方面的耗时，最大限度地提高解题速度。

总之，在现在的高考模式下，综合科起着极其重要的作用，而理科综合中的物理学科，对区分考生的层次，尤其是对区分上层考生起着重要作用。广东省普通高考理综物理学科备考的关键是"培育学生信心、夯实学科基础、提高解题速度"。

平而不淡　稳中求变

——2012 年广东高考理综物理试题之管见

2012 年普通高等学校全国统一考试（广东卷）理科综合物理学科试题无华丽的装饰，无"穿衣戴帽"式的人为做作，初看平平，但细细品尝，却回味无穷，既延续了理科综合考试以来相对稳定的特点，又总结了近年来理综物理科命题的经验教训，在试题的综合度、层次性和对作答速度的要求等方面做了一些变化，更适合广东省高考的实际情况。具体分析如下。

一、突出学科主干知识的考查，稳定性良好

笔者对 2010—2012 年广东省高考理综物理学科试题考查的知识点进行了统计，结果见表1。

表 1　统计结果表

题号	2010 年		2011 年		2012 年		分数
	内容	要求	内容	要求	内容	要求	
13	共点力的平衡	II	分子动理论、分子引力	I	分子间的相互作用力	I	4
14	热力学第一定律	I	热力学第一定律、气体特性	I	热力学第一定律、气体特性	I	4
15	气体实验定律	I	法拉第电磁感应定律	II	带电粒子在匀强磁场中的运动	II	4
16	法拉第电磁感应定律	II	共点力的平衡	II	共点力的平衡	II	4

续 表

题号	2010 年		2011 年		2012 年		分数
	内容	要求	内容	要求	内容	要求	
17	匀变速直线运动的公式、图像	II	抛体运动	II	匀速圆周运动的向心力机械能守恒定律	II	6
18	核反应	I	光电效应	I	核反应	I	6
19	交变电流的图像	I	交变电流、变压器	I	交变电流的函数表达式	I	6
20	牛顿运动定律、万有引力	II	万有引力、环绕速度	II	静电场	I	6
21	点电荷的电场	I	静电场	I	万有引力、环绕速度	II	6
34	研究匀变速直线运动	II*	研究匀变速直线运动	II*	测圆柱体的电阻率	II*	18
	测电池的电动势和内电阻	II*	伏安特性曲线	II*	探究弹力与弹簧伸长量的关系	II*	
35	动量、功能关系	II	带电粒子在电场、磁场中的运动	II	电磁感应定律、电路、平衡条件	II	18
36	带电粒子在磁场中的运动	II	动量、功能关系	II	圆周运动、动量、功能关系	II	18

注：实验带 * 的要求为相应知识点的要求，其中 2012 年 "探究弹力与弹簧伸长量的关系" 由于涉及共点力的平衡，按 II 类要求计。

从以上统计中可以看到，2010—2012 年广东省高考理综物理学科试题，题型结构保持不变，考查的知识点相对稳定，突出学科主干知识考查的特点十分明显。高中物理的主干体系力学、电磁学所占的分数比例三年均为 86%；II 类要求知识占了 70% 左右的分数，I、II 类要求的知识试题中所占分数与其知识点的量基本成反比例，I 类要求的占分基本上也出在没有 II 类要求内容，但有考试要求部分（如原子物理、热学等）的主干知识点上。同时，2012 年的物理科试题，还在非选择题的考点内容上做了适当的调整，避免了不同年份非选择题考点内容的过度重复，让"收窄范围，定点清除"等过分押宝于狭窄范围的复习模式碰壁，对引导中学教学回到重视基础知识、基本方法和基本技能的全面把握的正确轨道上有良好的导向作用。

二、试题设计的层次性较好，较好地体现了考试的选拔功能

试题设计总结了几年来理综物理学科命题的经验教训，命题从广东省考生的实际出发，选择题保持前两年的风格，以易题为主，重点考查考生的基础知识；实验题适度降低了难度及答题的信息量，减少了实验题的耗时；计算题则通过分层梯度式设问，由浅入深，由易到难，拾级而上，让不同认知层次的考生既能得到充分发挥，又能对其进行有效鉴别，提高了物理试题的区分度，较好地体现了考试的选拔功能。

笔者认为，这样的试题设计，可以初步缓解几年来由于广东省高考理综物理学科试题难度跳跃过大、对解题速度要求过高而产生的一系列问题。要知道，2011 年广东省高考理综 35、36 题的零分率分别是 32.40% 和 44.10%，而这两道题目都有较多的基础分，用当年理科综合试卷分析报告的说法，"35、36 题第一问都是只要有时间，中等程度的考生都可以作答的"，零分率这么高，说明很多考生根本就没有做到这两题，可以推断，即使做到的考生，时间也是很紧的。很显然，广东省高考理综的题目对解题速度要求过高，以至于对很多考生来说，解题速度对能否考到相对的高分起到了决定性的作用。这就产生了一系列的问题：对很多相对高分的考生来说，高分的原因也仅是"无它，唯手熟尔"。这就使高考对考生学习潜能的判别功能产生很大的误差。同时，由于高考理综题对解题速度要求高，学生必须通过一系列相应的训练才有可能达到其要求，有的学校甚至从高一开始，就已着手进行解题速度的训练，以达到"手熟"的目的，为达到高考的速度要求，间接加重了学生的负担。即使采取了一系列提高学生解题速度的方法、措施，到高考仍有很多学生解题速度达不到高考的要求，可以想象，在平常的训练中，尤其是高三的模拟训练中，学生会有多少能达到这样的速度要求呢？频繁的测练受挫，再加上理科特别是物理学科对思维能力要求高的特点，容易使学生产生理科难学、难考的感觉，严重打击

了学生学习理科的信心和动力。广东省 2010—2012 年高考，文理科考生严重失衡，这些因素可谓"功不可没"。尽管 2012 年高考理综 36 题物理情境比较新颖，物理过程较为复杂，审题难度较大，零分率仍然较高，但不管怎样，能对存在的问题积极反思并着手解决，已是良好的开始，真诚希望高考不要成为加重学生负担的助推器。

三、体现学科特色，渗透新课程理念

物理学是一门逻辑严密、应用广泛，又带有方法论性质的科学。新课程标准的理念则要求以培养学生创新精神和实践能力为主线，精选学生终身发展必备的基础知识和基本技能，让学生在获取知识的同时提高各种能力。2012 年高考物理试题以能力测试为主导，注重了基础性、时代性和实践性，既较好地体现了学科特色，又渗透了新课程理念。例如，全卷在试题材料的选择、情境设置、题目设问等方面充分体现了物理与生产和生活的联系，情境既平实又新颖。又如，13 题、14 题、16 题、18 题、20 题、21 题充分联系实际，引领考生应用物理知识分析解决实际问题，很好地诠释了"从生活走进物理，从物理走向社会"的理念。再如，34 题（2）源于教材又不拘泥于教材，以探究弹力与弹簧伸长量的关系为切入点，紧紧抓住了思想方法这一实验的灵魂，对科学探究的某些重要环节进行考查，为考生展示实验探究能力提供了足够的空间。试题将多个问题融合在一起，巧妙设问、串珠成链、浑然一体，考查了考生对实验理解的能力，体现了"有思考地做实验"的意义，彰显了试题适度创新、探究有度的魅力。

四、学科内的综合程度较高，强调知识的纵横联系

与 2010 年、2011 年的试题比较，2012 年广东省理综物理学科试题，尤其是非选择题在学科内的综合程度更高，更强调了知识的纵横联系和整体把握，对于引导中学教学注重学科能力培养，具有重要的导向作用。例如，35 题将电磁感应、电路的分析计算、静电场和平衡条件等知识有机地组合在一起，由导轨、导体棒、电阻、平行金属板等构成了各部分紧密联系相互联动的复杂模型，设置了 2 个问题。又如，36 题装置的结构、物理过程比 35 题更为复杂，参量信

息涉及图像，考查的知识点涉及动量、机械能、牛顿运动定律、圆周运动等，设置了3个问题。2012年广东省理综物理学科试题虽然整体难度不算太大，也没有太难的题目，但题目设置的物理情境、物理模型、物理对象、物理状态、物理过程和解题涉及的知识点等的综合度明显比以往高了，更强调知识的纵横联系、整体把握和综合运用。

总之，2012年的物理试题，试题设计的层次性较好，突出了学科主干知识的考查，学科内的综合程度更高，既体现了学科特色，又渗透了新课程理念，有较好的选拔功能，对于引导中学教学具有重要的导向作用。

高考备考策略

（2004 年广东省物理学科高考备考研讨会发言材料）

根据近年来高考物理试题的特点及变化趋势，2004 年物理科的备考策略可概括为：以考试说明和教学大纲为依据，以构建学生的认知结构为核心，以发展学生的能力为重点，以面向中档题为主线，讲求实效、提高效率。

一、以考试说明和教学大纲为依据

教学大纲是教学的依据，考试说明是高考具有法规地位的文件，因此，高考复习应以考试说明和教学大纲为依据，通过学习教学大纲明确各知识点的教学要求；通过吃透考试说明，明确高考的内容（包括知识内容和能力要求）、考试形式和试卷结构，从中挖掘有价值的信息，指导整个备考工作。

二、以构建学生的认知结构为核心

构建学生良好的认知结构是教学的目的。在这一过程中，教师首先要对物理知识有全面深入的理解。物理学的知识包含在一个逻辑严密的体系之中，每一个知识点都与周围的知识点有一定的联系，也存在一定的区别。能否把握知识点之间的联系和区别，是是否深入理解知识的重要标志。同时，知识的内在联系的表现形式是多种多样的，有的表现为一个物理过程可以从不同角度描述，有的表现为一个物理现象联系着众多物理量，有的表现为一个物理规律联系各个方面，面对已经学完中学物理课程的学生，高三的复习，应在更普遍的背景上理解知识，把握知识的内在联系，把握知识成立的条件和适用范围。这样，高考中大量针对中学物理教学中的薄弱环节，如不注意知识的联系和区别，不注意知识成立的条件和适用范围设置的问题将会迎刃而解。

要让学生构建良好的认知结构，指导学生将物理知识总结、归纳、整理，做好知识的多种分析归类是必不可少的。归类整理主要包括以下两方面。

1. 按知识内容的顺序，进行纵向归类整理

这一做法建议在复习的第一阶段进行。对高中所学过的知识，按考纲要求纵向进行，既分章归类，也按大单元知识归类，从而使学生明确知识内容，按知识体系归类整理，使之条理清晰。

2. 按各部分知识之间的联系、同一性和规律性进行横向综合归类

这一过程建议在第一阶段各大单元总结性复习和第二阶段中进行。从研究方法、解决问题的综合运用形式，应用数学工具等方面针对其共同特点和方法进行横向归类，使学生从更高层次上掌握知识和灵活运用知识。

学生通过对知识的归类整理，清楚知识的整体结构和纵横联系，抓住重点问题和基本线索，明确各部分知识所处的地位、作用和注意点，形成良好的认知结构。

三、以发展学生的能力为重点

物理学科考查的五种能力中，理解能力是基础，分析综合能力是核心，推理能力是方法，数学能力是工具，实验能力是特点。能力是从知识的理解开始的，随着对知识理解的深入而提高。所以，首先要打好理解能力这一基础，教师要让学生在理解基本概念和规律的基础上，抓住重点和联系点的突破，再横向联系比较，将其与典型现象、基本物理模型和实验相结合，从而加深学生对物理概念和规律的理解。分析综合能力是核心，物理教学中应当培养学生良好的分析习惯，全面考虑问题；正确把握解题方向，抓住物理问题的实质进行分析，培养学生分析问题的灵活性、敏捷性、创造性和深刻性。相关分析、研究对象的选取和转移，挖掘题目中隐含的条件和因素，物理过程的正确分析，是考查分析综合能力的热点，必须高度重视。培养实验能力是物理学科的特点，是提高物理教学质量的突破口，也是现在物理教学的薄弱环节，很有必要加强这方面的教学。针对普遍实验条件较差的实际，教师可通过做实验和讲实验相结合的办法使学生达到考试说明规定的实验能力要求。

学生能力的提高不可能在短时间内有飞跃，它必须遵循循序渐进的原则。能力的培养也离不开知识，因此，我们不能将能力的培养和知识的复习分离开来，而应该将它们有机地结合起来，把能力的培养贯穿于整个复习过程中，使学生在获得知识和运用知识的过程中提高能力。

四、以面向中档题为主线

中档题是占分量最多，对选拔功能作用最大的题，无论对大多数学生来说，还是对以争取尽可能多学生上线为主要目标的学校，中档题无疑都起决定性的作用，因此，在备考工作中，我们应以中档题为主攻方向，在基础知识、基本方法和基本技能上扎扎实实做好工作，练评中多选取有巩固性（起帮助记忆作用）、有代表性（能举一反三）、有针对性（针对知识难懂、易错之处）、有启发性（能启发思维）的中档题目，不追求难、新、高、尖。

五、讲求实效、提高效率

讲求实效、提高效率是高考取得好成绩的关键。

1. 加强针对性

讲求实效、提高效率的基础来源于教学的针对性，针对性的基础来源于对学生的了解和对考试说明及高考试题特点的掌握。因此，教师必须清楚学生的知识、能力情况，根据考试说明的要求，有针对性地一个一个落实，教师对学生的点拨要到点到位，务求实事求是，提高效率。

2010—2012 年的高考，物理学科显著增加了论述表达、联系实际、联系科技发展前沿、提取信息解题、跨学科知识综合、实验设计等方面题目的分量，以便对考生的综合素质尤其是创新能力进行考查，选拔适应未来社会需要、具有学习潜能的人才。这类题目以往较少，学生接触不多，往往较难适应，是高考中失分的"重灾区"。针对高考题的这一变化，备考中教师应多找这些类型的题目让学生训练，提高学生解决这类题目的能力。

2. 科学设计、合理安排

要提高复习课的效率，教师必须对整个高三复习做一个科学的设计，对各阶段的工作做一个合理的安排。根据高考提前的实际，建议第一学期完成（或接近完成）第一轮复习，完成基础知识的系统复习并对选择题的答题达到较高水平。完成第一轮复习后至 4 月中旬要以强化训练为主，突出训练学生运用知识解决问题的速度和能力，强化技能和方法的训练。4 月中旬至 5 月中上旬，要采取训练与专题讲座相结合的办法。训练是为了"保温"，内容以"信息"题为主，专题讲座必须针对学生近一年来反映出的知识能力情况，有目的地开展。同时教师要通过专题讲座将高考所要考查的重点、热点和难点，对重要的物理方法和物理思想进行系统的强化，进一步提高学生的认知水平和解题能力。

3. 强调对应、讲求实效

实施"3＋X"方案后，"3"与"X"的对应显得尤为重要，物理学科在整个备考的过程中，在确定主抓对象、制定方法措施时，必须考虑"3＋综合"的情况，对那些"3＋综合"强而物理弱的学生，要千方百计提高其物理成绩，提高与四科的对应率，提高工作实效。

第二轮复习之管见

第二轮复习是综合能力大踏步提高的黄金时期，复习工作主要按物理知识的横向结构展开。教师通过知识归类、习题归类和思维方法小结，让学生在头脑中形成科学的知识网络和能力结构，理顺解题的思路和方法，使知识储备和分析能力实现新的飞跃。复习中要重视构建学科的知识结构，形成清晰的知识网络，使学生巩固、深化知识，提高综合分析问题的能力。

一、概述

第二轮复习主要抓知识点的横向联系，抓各部分知识之间的综合运用。因此，要打破章节概念，专题复习须和套题训练交叉、滚动式进行，以提高复习效率。

专题的划分可以按知识板块设置，也可以根据题型来设置，还可以根据物理问题的研究方法来设置。各个学校可根据自己的实际情况，设置第二轮复习的专题内容。每一个专题都应让学生进一步掌握解题的基本技巧，积极总结解题的基本规律，尤其要对这一专题进行理性思考，提升学生的能力。滚动式训练综合套题也要根据自己学校的实际情况，针对第一轮复习的弱点，易混淆的问题，易错的问题，高考重点、难点、热点问题进行精选。

二、操作

1. 选题

训练选题要以中档题为主攻方向，把能力考查与基础知识有机结合起来。中档题占分量最多，无论对什么层次的学生，其对选拔的功能都是最大的。因此，在高考备考中，应以中档题为主攻目标，在训练中多选取具有巩固性，起帮助记忆作用，有代表性能起举一反三作用的，对知识难懂、易错之处的有启发性，能启迪思维的中档题目，不追求难、新、高、尖。

2. 精练

通过精练培养学生的思维能力和规范解题习惯。根据高考的能力要求有的放矢地进行练习，不要搞题海战术，浪费学生的精力和时间，通过一题多解、一题多问、一题多变、多题归一等形式的训练，切实提高学生分析问题、解决问题的能力。同时，通过精练使学生养成良好的解题习惯，注意推理的严密性和解题的准确性、规范性。2010—2012 年高考试题总体难度不高，要想在高考中取得高分，一定要在推理的严密性和解题的准确性、规范性上下功夫。

3. 精评

要提高评讲课的实效，评讲要做到点拨到位。教师要直击所对应的高考考点，帮助学生化解难点，因势利导引出漏点，联系实际找出热点，全面理解击中盲点。为此，教师要做到"统计、分析、归纳"六字操作。"统计"指分段统计考试成绩、平均分，分题统计错误人数，分类统计解法样本；通过统计，让教师自己在上课之前做到心中有数。"分析"是指分析学生出现错误的原因、分析学生审题的偏差、分析学生知识掌握的漏洞、分析学生思维能力的障碍，通过这一步使教师的讲评做到有的放矢，学生听过之后有耳目一新、眼前一亮的感觉。"归纳"是指归纳试题考查目标、归纳涉及知识范围、归纳试题特点、归纳解题方法和技巧，通过这一步使学生对所学的知识、所做过的练习在审题能力、解题方法和技巧上得到升华。

在上述基础上，评讲课要突出"三性"，即启发性、指导性、诊断性。所谓启发性，是指讲评不能单纯就题讲题，要从一道题出发，带动相关的知识点、能力点，达到触类旁通的效果；所谓指导性，是指指导学生审题，指导学生分析题意的方法与技巧，指导学生挖掘隐含的条件，建立正确的模型，指导学生在答题过程中完整叙述，规范表述，使解题过程做到无懈可击、完美无缺；所谓诊断性，是指讲评要分析学生试题出错的原因，讲如何预防错误以及防止因非智力因素丢分现象的发生。

最后，训练学生以良好的心理状态迎接高考也是十分必要的。教师要努力营造一个宽松的环境，经常与学生交流，帮助学生克服焦虑和恐惧的心理，同时恰当地提出奋斗目标，并脚踏实地地实现目标，使学生在付出努力之后，不断地体会成功的喜悦，逐步树立起必胜的信心。

给备考学生的赠言

对高考而言，分数就是硬道理。高考备考的最大目标就是最大限度地提高总分，故基本策略是围绕原始分最大化原则备考。

提高总分最有效的途径是扬长补短。要考上较理想的大学，务必使强科更强，弱科也要能拿到不错的分数。

为实现最大限度地提高总分，务必做好以下工作。

一、最大限度地提高学习实效

（1）最大限度地提高学习效率，包括听课效率、自学效率、练习效率、做事的效率等。

（2）实效重在一个"实"字，要通过努力实实在在提高自身的能力水平。因此，必须全面、多角度地过好基础知识、基本方法、基本技能关，尤其在第一轮复习中，应以打基础为主，并时刻注意自身存在的问题，及时查漏补缺纠偏，每查补一个知识、方法的漏缺，纠正一个错误，就是一个进步，就向高校的校门迈近一步。细节决定成败，这些不能大意。

二、最大限度地提高应试拿分的能力

高考的形式是笔试，因此，必须最大限度地提高应试拿分的能力，做到会的不丢分，不会的能抢分。要达到这一目标，平时必须养成良好的解题习惯。例如，物理学科要养成良好的审题习惯（仔细审题，抓好关键词，发现题设陷阱、隐含条件等）、审题画草图的习惯、在草图中标参量的习惯、从参量的变化分析过程中找物理规律列方程的习惯、规范列式解题的习惯等，务求做到会的不丢分。

三、注意优化自身的认知结构

（1）学生应不断梳理归纳学过的知识，使其结构化、条理化，内化为自身的知识。

（2）学生应通过习题反思，最大限度地减少遗忘，巩固查漏补缺纠偏成效，并站在新高度看旧知识，使新旧知识有机结合。

四、调整并保持良好的心态

（1）以扎实的底子，为保持良好的心态打基础。平时当战时，战时当平时。

（2）以平常心进行学习和考试。遇难不气馁，遇易不骄傲（更细心），遇紧不慌张。

（3）逐步养成坚、韧、细、敏的心理品质。

坚：坚强的意志，不畏难。首先，高考肯定有难题，不要因遇到难题而产生心理负担；其次，要敢于碰难，不轻言放弃。

韧：不怕繁，对自己有思路的问题要一解到底，拿到相应的分数。当然，要注意解题速度。

细：胆大心细。审题解题要细心，尤其是易题、半熟题，任何时候都不能掉以轻心。与坚、韧结合，要有"我难，别人也难，但我不畏难，我更坚韧；我易别人也易，但我更细心"的心理准备。

敏：时刻保持高度的警觉，挖掘题设陷阱、隐含条件，抓准关键词。

下 篇
工作室成员成果集

本成果集收集了广东省陈金球名师工作室所有成员每人一篇代表作，既反映了他们跟岗学习的成果，又是他们在一线教学实践中的思考与感悟的结晶，希望能带给读者一点点启迪。

三招让高中物理实验活起来

广东省云浮市云浮中学　余　超

　　物理是一门以实验为基础的学科，实验在物理课的学习和考查中都占有重要的地位。然而在实践中，高中物理实验部分的教学常常是师生感到比较困惑的地方。究其原因，主要包括以下两个方面：

　　第一，实验教学的办法单一。应该说教师普遍能认识到物理实验的重要性，但是在教学实践中，不少教师对实验教学的策略还缺乏必要的研究和思考，为了应对高考，还是仅停留在教学大纲规定的实验范畴，且比较重视实验理论的讲解，轻视学生实验兴趣和动手能力的培养，即使让学生自己动手实验，往往也是按照教材的要求按部就班简单地重复，效果可想而知。

　　第二，目前课本中的不少实验说是探究性实验，实则还是验证性实验居多，且每个实验的实验原理、操作步骤及注意事项等都讲得十分清楚，学生只需按部就班地完成实验操作即可。这样的实验只能增加学生的感性认识，锻炼学生的动手操作能力，而对学生创造性思维的训练是远远不够的，也不利于培养学生解决问题的能力。

　　针对以上不足，我在高中物理实验部分教学时进行了改革，使实验教学为发展学生的智力、提升学生的素质服务。我主要采取了以下策略。

一、部分课堂演示实验：学生演示

　　我把部分课堂演示实验改成学生上台演示，给学生提供更多动手操作与合作学习的机会。例如，演示超重与失重现象的实验，我准备了若干组弹簧秤和钩码，我并不是为了方便快捷地得出结论而按照自己的设计亲自操作，而是先请两名学生上台选一组弹簧秤和钩码合作演示（我是观众），演示要求：首先称出钩码的质量，然后再分别上拉和下放弹簧秤，看有何发现。动手之前两名学生商定：一个主要负责操作，另一个主要负责观察，然后轮换。结果钩码质量很快称出来了，上拉和下放弹簧秤的过程中，弹簧秤示数变化特点也很明显，但台下学生却有意见了：弹簧秤的示数变化是很明显，就是动作太快了。轮换操作，第二位同学显然是采纳了同学们的建议，操作时动作比较缓慢，可台下学生又有看法了：动作太慢了，弹簧秤的示数看不出变化。见此情景，我示意两名学生先回座位，然后点评："其实刚才两位同学的演示已经比较成功了，大家观察到的现象也能说明问题，动作太快或太慢是有不妥，大家的意见很好。这样吧，我为每组同学都准备了一组实验器材，大家亲自来做，看哪组做得最棒，好不好？""好！"学生急切地答道。只见器材分发下去后，学生个个做得不亦乐乎，很快，实验完成了，效果确实比平时更好。尽管学生演示常常并非如教师所期待的，但教师恰好可借此机会同全班学生一起点评学生实验中存在的问题及需要改进之处，这样既达到了演示的作用，又让学生得到了参与的机会，养成交流与合作的良好习惯。

二、重要实验：在探究中感受创新

物理课本中有大量现成的实验，有些实验之所以显得重要，是因为它的设计思路与处理方法具有典型性，教师可以对这些实验进行讨论和改进。例如，"用伏安法测电阻"，用简单的伏安法电路，不论采用电流表内接还是电流表外接，都有系统误差。结合这个问题，我给学生介绍了替代的思想，然后由学生自己设计电流表替代和电压表替代两种线路。随之延伸得出"安安法""安阻法""伏伏法"和"伏阻法"。替代法解决了实验电路不完善带来的系统误差。这个矛盾是解决了，但电流表和电压表不够准确的问题上升为主要矛盾，怎么办呢？经过进一步研究改进，大家认为可以用准确度高得多的电阻箱来取代电压表和电流表，再辅以灵敏度很高的电流表，便可以明显提高实验结果的准确度，这就是常用的惠斯通电桥。接下来学生分别用简单伏安法、替代法和惠斯通电桥测量了同一个标准电阻，比较测量结果，可以证实先前的想法。在历史上，从伏安法到惠斯通电桥是一段很长的过程的，而在我们这堂实验课中，学生经历了这样一个遇到问题、分析问题、解决问题的完整过程，这样的实验课对激发学生实验探究的兴趣，增强其创新意识是很有帮助的。

三、课外实验：在生活中体验物理魅力

物理课外实验也是加强对学生进行科技知识和科技意识教育的重要阵地。与课堂教学相比，课外实验具有更大的灵活性和选择性。

根据学生的知识基础和我校每年都会举办科技文化艺术节的实际情况，我精心设计了一些趣味物理小实验让学生来完成，如"用数码相机研究自由落体运动""喷气火箭""鸡蛋开砖"等；积极组织学生开展科技制作活动，如自制楼梯电灯开关电路、制作针孔照相机及航天模型等。参加学校科技文化艺术节的展评，既锻炼了学生的动手操作能力，也有助于学生科学的世界观、人生观和价值观的养成，潜移默化地让学生领略物理实验的魅力。

参考文献：

[1] 张德启. 物理实验教学研究 [M]. 北京：科学出版社，2005.

[2] 刘电芝. 学习策略研究 [M]. 北京：人民教育出版社，1999.

信息技术环境下物理科学探究教学
实施的问题与思考

广东省罗定市廷锴纪念中学 梁谦光

自实施新课程标准以来，教师的教学理念和教学方法不断更新变化，新课程对教师的要求越来越高。同时信息技术和网络的发展也突飞猛进，信息技术环境逐渐成为课堂教学中的重要教学环境，如何在信息技术环境下引导学生进行物理科学探究，有效地培养学生的科学探究能力，已经成为当今中学物理教师需要面对的一个实际问题。以下我就信息技术环境下物理科学探究教学实施过程中依然存在的一些有待解决的普遍问题提出自己的看法和对策。

一、机械利用信息技术，忽视科学探究的本质

新课标提出了科学探究的 7 个要素：提出问题、猜想与假设、设计实验（或制订计划）、进行实验（或收集证据）、分析和论证、评估、交流与合作。在物理科学探究教学实施的过程中，相当一部分教师机械地利用信息技术实施教学，借助课件和媒体展示这些过程，但不太关注学生的探究活动，如以下案例的教学过程在物理科学探究教学中经常出现。

探究教学实际案例：探究决定导线电阻的因素

（媒体展示）问题1：你们猜想一下导体电阻的大小 R 可能与哪些因素有关。

学生集体活跃地说出自己的想法。

师：（教师投影：与长短、粗细、材料有关）导线的电阻与导线的长短、

粗细、材料有关。决定导线电阻大小的因素有多个，我们用什么方法解决多个因素的问题？

生：控制变量法。

师：接下来同学们要自主探究电阻大小到底与哪些因素有什么样的定量关系。首先我来说一下实验要求：

（1）电压表量程为3V，电流表量程为0.6A。

（2）按照电路图（图1）接好电路（PPT展示电路图，并播放实验操作录像）。

（3）注意不同导线是如何接入电路的（教师结合已有器材大概示范说明一下）。

（4）导线电阻测量两组数据，完成实验记录表（展示三个表格），1、2、3组同学分别完

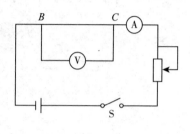

图1　电路图

成 A、B、C 中的一组并可以自由选做另一组。下面请同学们做实验。学生按照教师要求做实验后，分析学生的实验数据，在误差允许的范围内得出结论。

投影结论：同种材料，横截面积 S 一定，电阻 R 与长度 l 成正比，即 $R \propto l$。

（1）同种材料，长度 l 一定，电阻 R 与横截面积 S 成反比，即 $R \propto \dfrac{1}{S}$。

（2）横截面积 S 和长度 l 相同时，不同材料电阻关系也不相同。

在整个教学过程中，教师只是机械地利用信息技术展示探究过程需要实施的步骤和方法，学生严格按照教师给的量程、电路图接线，按照教师设计的表格记录数据，按照教师的问题去分析数据。从表面看来，充分利用信息技术让学生经历科学探究的几个过程，但实际上学生只是按照教师的要求去完成学习过程，学生根据旧知识自主构建新知识，提高科学探究的能力的空间非常有限。这种课堂形式上表现为科学探究教学，但实际上失去了科学探究的本质。科学探究不仅是一种教学形式，也是一个教学内容，在新课标中"科学探究"是与"科学内容"并列的，物理学科探究教学不仅要使学生通过探究活动掌握知识和技能，而且要让学生通过探究学习活动理解怎样进行科学探究。

二、用计算机仿真实验作为科学探究的依据，使科学探究失去真实性

在实施物理科学探究教学过程中，由于部分实验仪器价格高昂，有些实验

危险性比较高,因此教师可借助计算机仿真实验来帮助学生理解相应的物理概念和物理规律。利用计算机辅助物理实验过程控制与数据采集、数据处理等,可以帮助教师突破难点教学。但是由于很多中学物理仿真实验只是具有演示功能,仿真程度不够高,实验结果太过理想等原因,不能完全代替学生利用真实实验探究物理规律的过程,那么教师在教学过程中如果无法做到认真考量,适时和适当地利用计算机技术,不但不能培养学生实事求是的科学态度,不能培养学生的动手能力,还有可能造成错误的假象。

例如,在研究闭合电路欧姆定律教学中,教师只是利用如图 2 所示的 Flash 动画控制电路演示实验并让学生记录实验数据,然后让学生去做如下的探究过程。

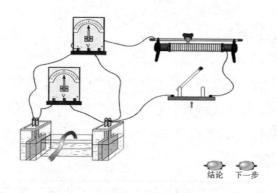

图 2 研究欧姆定律的闭合电路

(1)如图 3 所示,使滑动变阻器接入电路中的电阻最大,断开开关 S_2、S,闭合 S_1,记下电压表 V_1 的读数为_____。V_1 与电源的动势有什么关系?学生回答:$E = V_1$ 的示数。

(2)记录数据:闭合 S_1、S_2、S,并逐渐减小滑动变阻器的阻值,观察电压表示数 V_1 和 V_2 的变化,将数据记录在表 1 中。

表 1 电压表示数

电压表	各次测量的电压 U/V				
	1	2	3	4	5
V_1 的示数					
V_2					

教师提问："表 1 中数据有什么规律？"

学生回答：随着滑动变阻器电阻的减少，V_1 的示数（外电压）逐渐减小，V_2 的示数（内电压）逐渐增大。

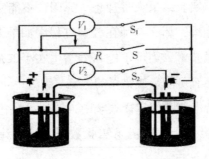

图 3　电路图

（3）分析上面的数据，思考 E，$U_外$，$U_内$ 之间有什么定量关系？

实验表明：$E = U_外 + U_内$。

在这样的一个教学环节中，学生似乎经历了"收集数据""分析和论证"等科学探究的步骤，但是实际上学生所收集的数据并不是真实实验的数据。动画展示的现象受到程序的控制，两个电表的读数之和严格等于某一数值，不能当作物理科学探究的依据。

三、信息技术环境下物理科学探究教学过程不能充分体现学生的主体地位

物理科学探究教学能否取得成效的关键是：学生在学习过程中的主体地位是否得到了充分的体现。信息技术环境下，教师在教学前的准备中往往花费比较多的时间和精力制作课件，探究教学设计过程过于注重教师如何在信息技术环境下"控制"学生的探究活动过程，最终在教学过程中会将自己的方法强加于学生。信息技术作为教学工具，信息技术环境下应该更加关注探究教学设计的合理性，更加关注学生的主体性。例如，在学习"功"这节课时，教师应用如下教学设计：①创设情境。教师先通过网络教室的广播功能播放一段视频材料，介绍"功"这一概念的发展历史，引导学生访问教师提供的主题网站，观看相关视频，通过视频材料创设情境。②启发思考。教师提出启发性问题，利用网络教室的文件传输功能把所提出的问题作为任务列表发送给学生，使其成

为学生自主探究学习的目标引导。③自主探究。教师引导学生自主在主题网站上学习相关内容，并找到任务答案，完成网站上的相关检测。作为任务完成度的评估，教师通过网络教室的监控功能密切关注学生自主探究的过程，并适时地提供资源、方法和策略上的指导。④协作交流。教师对学生自主探究过程中提出的疑点、难点（如计算公式 $W = Fs\cos\alpha$ 中的位移是物体在力的方向上的位移还是物体运动方向上的位移，思考对 $\cos\alpha$ 的理解、功是标量的含义等）进行总汇，将学生普遍的认知难点问题发布在学习讨论区中，并组织和参与学生讨论、交流。⑤总结提高。教师点评学生学习和交流过程中出现的误区，对这部分知识进行概括总结，分析解决问题的办法；然后向学生分层次地发送主题网站中的提高练习，使学生强化概念和解决问题的方法，对典例进行集体点评，然后引导学生回顾本节课的内容。这样的教学设计很好地利用了信息技术实施科学探究教学，能恰当应用现代信息技术、网络资源，将科学问题的探究引入课堂，使学生通过类似科学家的探究过程理解科学概念和科学探究的本质。信息技术环境下物理科学探究教学过程设计是如何充分体现学生的主体地位的？我认为可以从以下三个方面去考虑。

1. 教学设计要充分关注学生具有的信息素养

除了考虑到学生已有的知识和技能以及学生实际的思维能力和探究能力外，教师还应该考虑到学生具有的基本信息素养，在不同形式和强度的多媒体信息刺激学生感官后对有效注意力的影响，以及学生在利用教师提供的资源和网络进行自主探究学习活动时的自控能力等。教师对学生的信息技术使用能力有深入的了解，才能使信息技术在探究活动过程中产生积极的促进作用。

2. 掌握"基于信息化认知工具的自主探究"模式的实施步骤

我国教育技术学专家何克抗教授总结出了探究性教学的一般模式——"基于信息化认知工具的自主探究"模式，为信息技术环境下物理科学探究教学的实施提供了必要的理论依据。它主要包括创设情境、启发思考、自主探究、协作交流和总结提高五个环节，如图4所示。这个教学模式对信息技术环境下实施物理科学探究有很大的帮助。

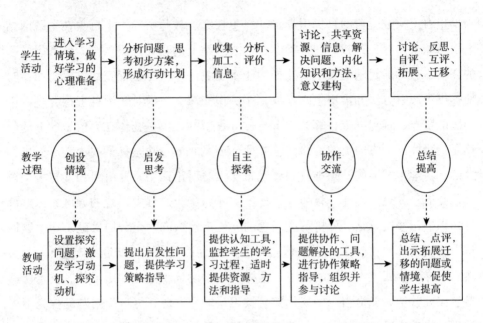

图4　相关教学模式

3."基于信息化认知工具的自主探究"模式的实施步骤

创设情境这一环节,教师可以利用信息技术创设恰当的物理情境来激发学生自主学习的兴趣和探究欲望,引入课题。启发思考这一环节,教师要针对问题,引导学生选用合适的研究方法,采用那些基于信息技术的认知工具来辅助探究,利用相关资源来解决这些问题。在自主探索环节,学生利用教师提供的学习工具、课件及学习网站等学习资源,围绕前面提出的相关问题进行自主学习,教师在这个环节要监控学生自主探究的活动过程,并给予策略上的指导。在协作交流环节,教师组织学生以讨论的形式开展小组内或班级内的交流与讨论。总结提高这一环节的目的,是通过师生的共同总结来补充和完善全班学生经过自主学习和交流讨论这两个阶段后,在认识与理解当前所学知识方面存在的不足。

四、信息技术环境下物理科学探究教学对学生的探究活动缺乏有效的调控

在信息技术环境下,在合作探究学习的课堂教学模式中,课堂教学的氛围是活泼热烈的,但学生自主探究和互动交流的过程中会出现一些与探究学习无

关的行为，教师如果缺乏对学生科学探究过程的调控能力，课堂教学就达不到预期的效果。在物理科学探究教学中，要求教师有较强的管理和调控能力，对物理科学探究教学做到有效调控，才能真正体现学为主体、教为主导的教学思想。教师要对学生探究活动实施有效的调控，可以从以下三方面进行。

1. 合理组建学习小组，实现学生自我调控

信息技术环境下的合作探究学习是一种有效的学习方式，合作动机和个人责任是学生合作学习产生良好效果的关键。小组成员间要建立积极的互动关系，每个人都要明确并积极承担在共同任务中的个人责任，这有赖于教师对学生的合理分组。同一个班的学生，存在着智力、能力、爱好、信息素养等方面的差异，在合作学习中，小组内往往出现这样的问题：优秀生由于具有较强的探究能力和合作交流的能力，信息素养也比较好，成为小组内的积极活跃分子，他们的潜能得到了发挥，个性得到了张扬；而一些基础比较薄弱、信息素养较差的学生，参与探究的积极性和主动性不高。为了使他们能最大限度地互补学习、互相帮助、发展智力、培养能力，组建学习小组时，教师要注意合理搭配，优化组合，做到学习成绩好、中、差搭配，信息素养能力不同者搭配。然后由学习小组成员具体制定规则内容，明确小组宗旨和具体组员分工。科学合理地分组可以使小组成员间产生积极的相互促进作用，实现学生自我调控和监督。

2. 明确教师的主导地位，真正做到科学引导

在学生自主探究之前，教师的主要任务是借助信息技术创设好适合学生探究学习的物理情境，给学生一种发现和胜任的感觉。如果在网络教室进行探究学习，教师要为合作学习小组提供物理活动的空间，让小组成员能够针对学习中所探究的问题进行充分的探讨。在教学过程中，教师要留给学生充分的时间、空间去主动探究、合作学习，真正凸显学生在课堂教学中的主体地位。教师的主导作用要体现在指导学生能力的提高上，要恰到好处地起到"穿针引线"的作用。在学生自主探究的过程中，教师要认真仔细地观察学生的行为与反应，关注学生的探究记录，有时还可以根据需要提供一些建议、暗示、信息技术使用方面的帮助及必要的策略指导。

3. 教师要善于利用信息技术进行有效监控

随着信息技术的发展及各种各样教学软件的出现，很多新技术进入了课堂。

例如，教师可以在交互式多媒体课室、计算机网络教室实施物理科学探究教学。然而我们发现，在使用这些技术的时候，有的教师并没有真正掌握这些技术，因此无法把这些媒体或技术很好地组合起来优化物理科学探究教学，无法用相应的技术掌控自己的课堂。教师要提高使用信息技术能力，运用技术规划和设计自己的教学，对学生探究学习的过程实行有效的调控。例如，白板有很强的交互性，教师应用拉幕、探照灯、拍照、擦除等白板的这些特殊效果和应用技巧，可以设计出各种形式的教学活动，提高学生的注意力，激发学生的学习兴趣。如果教师是利用计算机网络课室进行教学的，可通过计算机来组织教学活动，充分利用网络教室的监控功能，查看学生的操作情况，密切关注学生自主探究的过程，从而采取某种手段如黑屏、键盘封锁、帮助指导等对教学过程进行有效的调控。

五、信息技术环境下物理科学探究教学忽视对学生探究学习过程的评价

目前，信息技术环境下，在物理科学探究教学实施过程中，教师对学生探究学习活动中表现的各方面能力没有做到有效评价。在很多的课堂教学实践中，教师对学生探究学习过程的表现往往只用简单的一句话概括，如"大家刚才都表现得不错"等，对学生的评价很笼统，没有达到教学评价的目的。教师有时候在教学过程中对学生探究和交流过程也不做评价，不能使学生对自己的探究能力和协作能力有正确的认识。在信息技术环境下，对学生探究学习过程做好评价，我们可以从以下几方面做出努力。

1. 教师要善于创设信息反馈的教学情境

在科学探究教学实施的过程中，教师可通过提问、讨论、展示、练习等多种形式，及时从学生的探究学习过程中获取大量学生探究学习的信息，并做出快速整理和分析，从而了解学生对教师输出信息的接受和理解程度、目标实现程度，及时调控教学进程。只有这样，教师才能实事求是地对学生做出评价。

2. 提供信息技术支持下的评价工具

科学的评价机制对学生的探究式学习、创新和实践能力的培养起着至关重要的作用。教师可通过学生自评、互评及教师的总结性评价，引导学生自主参

与教学活动，培养学生合作学习、自主学习、探究学习的思想意识和能力。每个探究学习的过程都引入评价机制让学生评价不太现实，但教师可以在探究具有代表性的、重点内容时引入评价机制，在一定程度上培养学生形成基于教学理念的学习意识，发挥教育评价的功能。比如，在楞次定律的科学探究教学中，教师可以提供信息技术支持下的评价量规，对学生探究学习过程进行评价。

　　总之，在信息技术环境下物理科学探究教学实施过程中存在的这些问题，需要一线教师在教学实践过程中积极探索，形成有效的应对策略。这样教师才能真正转变为对课程内容进行重构组合的设计者、学生学习的指导者和学习活动的组织者和参与者，让信息技术真正发挥它的作用而不是让物理课堂成了信息技术媒体的"秀场"，才能真正促进学生养成自主探究的习惯。

参考文献：

［1］冯杰. 物理教育研究方法导论［M］. 北京：北京大学出版社，2012.

［2］荆永君，李昕，杨薇. 现代教育技术与高中物理教学［M］. 北京：高等教育出版社，2012.

［3］高铁刚，陈莹，臧晶晶. 信息技术环境下课堂教学模式的理论与方法［M］. 北京：清华大学出版社，2011.

全国卷高考物理命题研究引发的广东高中物理教学反思

广东省新兴县惠能中学　梁雪娥

一、近年来全国新课标卷物理部分相关的内容结构与变化分析

（一）全国新课标卷物理的结构变化

物理总分110分，其中必考部分95分，选考部分15分，必考部分的结构如下：选择题8道（48分），实验题2道（15分），计算题2道（32分）；选考题部分结构如下：在给出的三道题中任选一道进行解答，属于自助餐式的选择方式，每个题目包含了2个小题，其中选择题或者填空题6分，计算题9分。这个模式的进一步稳定实施，既体现了大家有一个共同基础，又体现了随机发挥的选择性，比较公平公正。

（二）新课标卷的命题趋势与特色

纵观物理全国高考试卷，不难发现新课标卷的命题趋势与特色。

1. 新课标卷体现了新课程的理念

全国物理试卷在面向全体学生的共同基础的基础上，提高了全体学生的素养，在课程的内容上体现了基础性、时代性和选择性，倡导评价促发展的理念，进一步体现了评价方式多元化的课程理念，从而有效敦促实现三维目标——知识与技能、过程与方法、情感态度与价值观的整体达成。

2. 学生的科学素养与人文素养得到进一步的考查

科学史是历年来物理学科高考必考题，从伽利略、安培、法拉第到教材上

很少出现甚至就不曾出现的克拉顿、阿拉果等，纵观理念命题思路，科学史的考查已经从"什么人""什么事"表层考查逐步过渡到对规律的发现历程、背景、情境和实验装置用到的思想方法的深层考查，更加侧重于以"历史背景"——科学史上的假说或者是实验情境来命题，考查考生知识的迁移能力、模型的构建能力以及利用所学知识分析解决新情境下实际存在的问题的能力。

3. 平稳、朴素，没有偏题、怪题

2016 年高考物理试卷平稳、朴素，没有偏题、怪题，知识点考查全面，同时突出了对核心素养的考查。试卷进一步深化考试内容改革，以"立德树人"为核心，加强对社会主义核心价值观、依法治国、中国优秀传统文化和创新能力的考查。试卷在联系实际，增强开放性和探究性，加强考试内容的基础性和综合性等方面做了积极的探索。试卷采取精准调整策略，合理控制不同题型的难度，确保整卷难度合理，有利于科学选拔人才，也有利于学生的健康成长。

二、全国新课标卷引发的广东高中物理教学反思

（一）教学中应该重视基础，突出主干，彰显公平

试题重点考查物理学科的基础知识、主干知识。力学试题分量大，突出了力学的基础地位，同时突出了对核心重点章节的考查，如"牛顿运动定律""机械能""电磁感应"等学科主干知识占的分值较大。试题内容涉及物理学的基本概念、规律、思想和方法，全卷在材料选择、情境设置、题目设问等方面充分考虑到了不同地域、不同环境、不同层次和使用不同版本教材的考生，保证了试题的公平、公正。

例如，第 14 题考查平板电容器的电容，第 16 题考查理想变压器，第 17 题考查同步卫星，第 18 题考查匀变速运动，第 19 题考查物体平衡，第 21 题考查运动图像等，大多数题目均是考查考生应该掌握的基础知识和基本方法。第 24 题将电磁感应现象与平衡原理相结合，也是力学、电磁学的基本问题和主干知识。

（二）高中物理教学应该模型新颖，贴近生活，体现创新

试题注重加强与考生生活、现代社会及科技发展的联系，同时注意在考生所熟悉的经典情境上不断创新物理模型，使试题更新颖。

例如，第23题，利用热敏电阻的特性，实现电路自动控制，取材于现代生活，联系实际，通过简化、提炼并巧妙构思，成为一个新颖的物理模型，旨在考查考生对物理现象和物理模型的理解能力。素材新颖独到，模型传统经典，凸显了物理试题与现代科技、生产生活的紧密联系。选做部分的三个小计算题，模型都非常新颖。第33（2）题，水下气泡内外压强差以信息给予方式，考查气体定律，第34（2）题，以救生员观察为素材考查光的折射和全反射，第35（2）题，以游乐园喷泉托起卡通玩具为素材，考查动量定理。这几道题的素材都来自实际生活，既新颖独到，又构思巧妙，对考生来说，处理这些问题的原理和方法虽较为熟悉，但破解模型是首要任务，很好地考查了考生的建模能力。

试题关注生产、生活中常见的实际问题，引领考生在生活中体验物之理，很好地诠释了"从生活走进物理，从物理走向社会"的理念。

（三）广东省高中物理教学中需要突出能力，联系实际，难度适当

试题考查了考试说明中规定的五种能力，层级恰当，覆盖全面，比例合理，突出了能力立意。

第19题，以力学平衡问题为载体，考查考生利用平衡条件通过推理解决问题的能力，借助整体法、隔离法等物理方法的运用，考查考生的基本科学素养。

第23题，利用热敏电阻自动控制电路的实际情境来设计问题，在给出考生不熟悉的控制电路的基础上，完成电路原理分析。从选择器材到完成实验操作，问题设置自然连贯，环环相扣，层层递进，考查考生实验分析能力、理解能力和推理能力。

第25题，借助弹簧、斜面、圆周轨道这些常见素材构建模型，设计新颖巧妙；按物体运动发生的先后顺序展开设问，问题层级分明、难度梯度合理。前面问题的设置较为基础，使考生能很快入题；后面的问题可以实现对不同能力水平的考生进行有效区分，为考生充分发挥自己的能力提供了很好的平台。这种设计使题目具有较好的区分度和适当的难度，较好地考查了考生对物体运动规律的理解能力、分析综合能力和应用数学处理物理问题的能力。

（四）高中物理教学要重视原理，体会操作，注重探究

实验题秉承了前几年的风格，即"一力一电、一小一大"。试题从基本实验器材的使用和实验操作入手，以基本实验技能和实验方法为考查重点，加强对实验原理、实验分析的考查，既考查了考生的基本科学素养，又考查了考生的实验能力。

第 22 题，利用重物自由下落验证机械能守恒，考查基本原理和基本数据处理的方法，试题既源于教材，又不拘泥于教材。

第 23 题，利用自动控制电路，考查考生电路原理分析、实验操作能力，考查了中学物理实验的基本知识和基本技能，对考生获取信息、利用信息的能力提出了较高要求，这也正是题目立意新颖之处，既培养了考生的自主探究能力，又凸显了对科学探究能力、开放性思维能力的考查，也体现了对考生创新意识、实践能力、迁移和拓展能力的考查。

三、总结

总之，2016 年全国物理试题，整体平稳，稳中有变，变中求新。试题的整体结构、考查内容及能力要求完全符合考试大纲和考试说明的规定。试题以能力立意为主导，注重考查考生的基本科学素养，既保持了相对稳定，又较好地体现了新课程理念。

参考文献：

[1] 李坊贞，刘艳琴，陈小 . 2005—2010 年全国生物学高考试卷分析 [J] . 赣南师范大学学报，2011（3）.

[2] 张海彦 . 2010 年高考理综卷生物试题评析 [J] . 教育实践与研究（B），2011（2）.

论类比法在物理教学中的应用

广东省云浮市邓发纪念中学　梁永平

物理教学是建立在生活的基础上尊重自然规律的一门学科，非常注重物理知识与生活的融合。在物理教材中，物理概念的提出、引出和应用都很公式法，忽略了部分学生的生活知识储备，令部分学生对相关的物理知识一知半解，更可能完全"无知无解"。如果教师在教学中对教材的内容不进行深加工就当作"材料"教给学生，不注意与学生现有知识进行对比，那他完全是一名不合格的教师。所以教师应具有对教材再加工的能力，把刻板的、抽象的物理概念、物理过程、物理模型、物理对象、物理作用等形象地与生活中常见的现象结合起来，并采用类比法教学，有效提高学生的接受程度，加快学生理解物理学中的相关知识。

类比也叫推理，它是根据两类物理现象某些性质相同或相似性的特点，来推断这两类物理现象的性质也相同或类似的一种逻辑推理方法。物理教学中有效运用类比法教学，能培养学生丰富的想象力和逻辑推理能力，对于提高他们的科学素养，适应现代生活，形成终身学习的能力非常重要，也符合素质教学的要求。

一、类比法用于渗透物理概念教学效果显著

学生感觉物理难学，很大程度上是因为对物理概念理解有难度。教材对于概念的定义一般都是直接给出，教师在处理教材的概念时如果不直接强加于学生，而是多了解学生现阶段的情况，采用类比法去引入新的概念，相信学生会

有更好的理解。康德曾说过："每当理智缺乏可靠论证思路时，类比这个方法往往指引我们前进。"物理学在发展过程中，许多概念的形成都是新的，更没有可以精确测量的仪器，但大自然是和谐的，是辩证统一的，新的物理概念在大自然眼中都是有可比性的。例如，历史上德国物理学家欧姆在研究电压、电流、电阻等相关概念时，创新性地运用类比法与生活中的水压、水流及水流控制开关联系起来，猜测电流与电压成正比、与电阻成反比，并设计实验论证这个猜测，最终得出了著名的欧姆定律。当然教师在教授欧姆定律时还是要准备好相关的实验器材，如水、连通器等，和欧姆定律中的物理量做类比展示开展教学，这样可以防止部分学生形成新的知识点时因为不理解而形成难点。又比如，在电学部分中，"场"概念的形成，这是一个很抽象的概念，学生理解起来是比较困难的。场是看不见、摸不着的物质，但是又具有物质的特点，怎么开展教学呢？其实我们就生活在各种"场"当中，我们可以类比力学中的重力场甚至引力场，类比地面附近物体在重力场中的性质。比如，电场的性质有力、能、做功等，完全可以和重力、重力势能、重力做功等类比起来进行对比教学，从而达到事半功倍的效果。还有电阻 R、电容 C、点电荷中某点的电场程度 E、水的密度 ρ 等，它们都可以互相借鉴、互相类比，形成概念、理解概念。如此类比运用，相当于在新旧知识间架起了一座桥梁，让学生能够从已掌握的旧知识顺利接受和理解新知识，也让学生的思维得到了充分的锻炼，形成了知识推理能力。

二、类比法用于实验操作，能让实验更直观、更生动，让人更容易理解原理及过程

物理中的许多物理规律是源于生活、服务于生活的。物理过程的结果推导与验证离不开实验，物理实验是物理发展过程中不可缺少的步骤，推进素质教育，让学生从模糊地认识物理概念到理解物理过程和结果，理解现有的科学规律离不开创新实验，在类比法的指导下，我们对于世界的认识也更多、更深了。下面以声音产生的条件的教学为例进行说明。我们说话时，能明显感受到喉咙在振动；用手去触摸正在放音乐的喇叭，也可以感受到振动，教师可引导学生类比得出一切正在发声的物体都在振动。意大利科学家伽利略为了推翻统治了

科学界几百年的物理规律（力是维持物体运动的原因），运用了类比法和推理法，让处在同一高度的物体沿斜面在粗糙程度不同的水平面上运动，推理得出：力不是维持物体运动的原因，而是改变物体运动的原因。为了验证这个结论，便有了后来著名的比萨斜塔实验。还有在研究平抛运动的曲线运动规律时，因为学生刚刚接触曲线运动，普遍反映较难理解，不知如何理解这种运动。那我们就可以从直线运动的知识入手，可以把平抛运动与直线运动做类比，把平抛运动分解为竖直方向及水平方向做类比研究，配合实物实验或者多媒体演示实验，自然而然地让学生理解平抛运动的特点。对于一些太宏观的（如天体运动）和太微观的（如原子的核子结构等）物理状态或过程，在现在实验条件下无法完成的情况，就要借助多媒体，把宏观的缩小，把微观的放大，与生活中常见的物理和现象做类比，也会取得意想不到的效果。例如，卢瑟福通过 α 粒子散射实验知道：在原子中有一个仅占原子体积小部分（约十万分之一）但却具有绝大部分质量（99.97%）的核，而核外电子只有极小的质量；这种模型与太阳作为太阳系的核心，它占太阳系总质量的 99.87%，但体积却只占太阳系空间的极小部分，而且原子核与电子之间的吸引力，以及太阳与行星之间的万有引力，都遵从与距离的平方成反比的规律。于是卢瑟福运用类比方法把原子内部的情况和太阳系的结构进行类比，太阳系是由处于核心的太阳和环绕它运行的一系列行星构成的，因此，卢瑟福于 1911 年提出了原子是由电子环绕带正电荷的原子核组成的一个原子核结构的行星模型假说，并最终得到科学家的肯定。科学地安排实验是把物理概念、规律和现实存在的现象规律通过类比生动的实验展现在学生面前。但我们不能为实验而实验，而是应该把实验的方法搞明白，为了创新而创新，类比法功不可没。

三、运用类比法解物理习题，能拓展知识，加强与其他学科的融合，培养创新思维

在平常的物理学习中，学生往往会觉得物理知识看得懂，也听得懂，但做起题来就容易出错。究其原因，是学生缺乏知识的系统化，所学的知识是零散的，没有融会贯通，所以学习效果并不好。教师在平时的课堂教学中，要有意识地运用类比方法。例如，弹簧的串联 $1/K = 1/K_1 + 1/K_2$，电容器的串联 $1/C$

$=1/C_1+1/C_2$，电阻的并联 $1/R=1/R_1+1/R_2$，电阻的串联 $R=R_1+R_2$。把它们联系起来，形成知识体系，对学生的学习就能起到事半功倍的作用。又如 $v-t$ 图像的斜率是加速度 a，$s-t$ 图像的斜率为速度 v，$W-t$ 图像的斜率是功率，将这些物理量类比后我们会发现，它们都是采用比值定义法来定义的，都有相同的物理意义（表示什么快慢的物理量），以后再学习这类问题时就可以举一反三了。又如，机械波—电磁波—光波—物质波的类比，万有引力—两点电荷的库仑力等，都是同样的道理。运用类比法把相关的物理知识联系起来，可以帮助学生理解、记忆、掌握这些相关知识，从而提高课堂教学效率。类比法也可以应用于不同学科之间，下面举例说明。

　　例　如图1、图2所示，竖直绝缘墙壁上的 Q 处有一固定的质点 A，Q 正上方的 P 点用丝线悬挂另一质点 B，A、B 两质点因为带电而相互排斥，致使悬线与竖直方向成 θ 角，由于漏电，A、B 两质点的带电量逐渐减小。在电荷漏完之前悬线对悬点 P 的拉力大小为（　　）

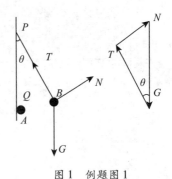

图1　例题图1

A. 逐渐减小　　　　B. 逐渐增大

C. 保持不变　　　　D. 先变小后变大

　　解析：这是一道重力和电场的综合题，如果采用常规的力学方法解题，是很有难度的，这时可以类比数学的处理方法，将相似三角形的边边关系，引申到边长与力的比例关系，就可以快速求解出答案为 B。

　　物理教学中类比法是沟通新旧知识的桥梁，教学中恰当地运用类比，在学生已经掌握知识的基础上，通过比较、延伸、推广，最后给出新知识，使十分难以理解的物理内容变为一幅清晰的物理图像，学到了学习的方法，同时也激发了学生的学习兴趣和想象力，加深了学生对问题的理解。

图2　例题图2

四、要注意类比法的局限性

　　运用类比法值得注意的地方是要注意抓住相关现象的本质特征。因为类比法是由个别到个别或由一般到一般的不完全推理，已知的相似属性和推出的相似属性之间不一定有必然的联系，所以从两个对象之间的某些属性方面相同或相似，并能得出它们在某些方向必然相似或相同的结论，可以类比得出的结果不一定是可靠的，如带电量相同的正、负电荷在同一个电场中的同一地方的电势能是不同的，但是相同质量的不同物体在重力场中的势能是相同的，通过类比就会发现有差异。所以，类比法的前提和结论之间的联系是具有必然性的，必须经过检测，如果失败则需重新寻找合适的类比对象。

在物理教学中运用类比法不仅可以提高教学效率，还可以引导学生自己获取知识；有助于提出假说，进行推测，有助于提出问题并设想解决问题的方向；可激发学生探索的热情，培养学生判断推理的能力和创造性思维的能力。

参考文献：

[1] 王溢然，张耀久. 类比 [M]. 洛阳：河南教育出版社，1993.

[2] 南冲. 中学物理教学研究 [M]. 北京：海潮出版社，1993.

试论基于核心素养的高中物理课堂教学

广东省肇庆市宣卿中学 陆海文

随着教育改革力度的逐渐加大，核心素养也成为近年来教育领域一直致力研究的内容。作为高中教育中一门重要的基础性课程，高中物理具有知识严谨、理论抽象的特点，在学生核心素养培养方面有着其他学科无法取代的优势。但是受应试教育的影响，高中物理教师在课堂教学过程中往往注重知识和技能的传授，而忽视了对学生核心素养的培养。本文围绕该课题，就如何在高中物理课堂教学中培养学生的核心素养展开论述。

一、将物理教学内容与其他学科内容有效结合，培养学生的科学素养

高中物理知识具有一定的抽象性，很多学生在学习过程中感觉非常吃力，还有些学生甚至认为学习物理没有用处，只是用来应付考试。高中物理教师要认识到这一点，将物理教学内容和其他学科内容有效结合起来，让学生认识到物理的作用，对物理学科有一个科学、正确的认识。培养学生的核心素养不仅仅靠一个领域的知识，更不是靠一门学科的知识就可以的。物理教师要注意知识的整合教学，着重培养学生的"相互作用观""运动观""物质观"，并且指导学生学会应用这些观念去分析和解决实际问题。虽然高中物理学科性比较强，也有一定的难度，但是与其他学科的知识有很多交融的地方，物理教师要将物理与美术、哲学、地理、化学、数学等学科有机整合起来，以此为基础培养学生的核心素养。

177

　　例如，在学习"物体运动"有关内容的时候，笔者将其与体育学科的知识有效结合起来，利用学生的投篮等体育动作对物体的抛物线运动进行讲解，既加强了学生对物理概念的理解，同时也让学生形成了物理意识，在日常生活中处处都能联想到物理知识。又如，在教学"牛顿定律"的有关内容时，笔者将其与哲学有效结合起来，首先让学生对持续两千多年的亚里士多德的错误观点进行讨论，再将伽利略勇于质疑的科学精神渗透其中，让学生了解到质疑的重要性，也在一定程度上达到了对学生质疑精神进行培养的目的。

二、加强物理实验教学的指导，培养学生实事求是的生活态度

　　高中物理是一门建立在实验基础上的学科，很多的物理规律和相关知识点都是前人在物理实验的基础上得到的。如今的新课程标准也一再强调要注重培养学生的实践能力和创新精神。所以高中物理教师要重视物理实验教学并在教学过程中结合实际情况给予学生适当的指导，在此基础上培养学生的实际操作能力和实事求是的生活态度。在高中物理实验教学过程中，很多学生往往害怕出错，亦步亦趋跟着教材中的步骤进行操作，这种学习方式虽然能够加强学生对相关知识点的理解，但是很难让学生有效掌握其中的内涵，大多数学生只能做到了解和掌握，但是在实际生活中却不知如何去应用。因此，高中物理教师要加强实验教学指导，鼓励学生进行创新，在此基础上培养学生的创造能力和实事求是的科学态度。

　　例如，在教学"电磁感应"的有关物理实验时，笔者鼓励学生更改实验条件，再将实验结果记录下来，最后通过对实验结果和实验现象的比较得出相关的结论。学生通过对实验条件的创新获得了不同的体验，也在一系列的比较中加深了对实验结论的理解和记忆。在这个过程中，不仅学生的创新能力得到了训练，同时学生还形成了实事求是的科学态度。

三、结合生活实际进行教学，培养学生对物理知识的应用能力

　　高中物理课程教学的目的并不仅仅是提高学生的物理成绩，让学生在高考中获得高分，更重要的是让学生具备一定的物理意识和应用物理知识的能力，使学生能够在实际生活中利用物理知识去分析和解决问题。因此，高中物理教

师在教学时可以从实际生活中收集有关的情境作为教学资源，这样不仅可以降低学生的学习难度，还能培养学生在实际生活中运用物理知识的能力。

例如，在学习"路程"和"位移"的有关内容时，物理教师可以引入生活中的案例进行教学，比如学生每天上下学都要乘坐公交车，学生坐在公交车上，相对于窗外的站牌是移动的，相对于公交车司机就是静止的。学生每天早上从家到学校，晚上再从学校回家，位移为零，但实际路程是家到学校距离的两倍。通过实际生活案例，提高学生应用物理知识的能力，从而培养学生的核心素养。

四、结论

综上所述，培养学生的核心素养是高中物理教师重要的教学任务之一。在素质教育全面实施的今天，高中物理教师要积极响应课改要求，创新教学内容和教学模式，注重培养学生的核心素养，从而达到促进学生全面发展的目的。

参考文献：

[1] 卓春蕊，杨光敏，陈红君.基于核心素养导向的高中物理教学设计研究：以"反冲运动火箭"为例 [J].科技资讯，2017（19）：34–35.

[2] 盛思月，何善亮.论学科核心素养的构建途径：基于近年来核心素养主题研究成果的量化分析 [J].教育参考，2016（2）：11–12.

以演示实验引领学生的深度学习

广东省云浮市新兴县第一中学　谭小银

在物理教学中，教师可以通过演示实验引领学生对所学知识进行深入思考，使学生对所学知识进行深层次的理解。

一、问题的提出和解决的策略

教师在一线教学实践中常常会遇到这样的尴尬局面：同一个知识点，讲授两三遍，学生还是会出错。反思这种现象的原因，主要是：学生在升学压力下，消极被动地学习，对所学知识没有求知欲，以简单记忆为主，没有深入理解和内化，既不重视知识间的联系，也不重视新知识的构建，学习仅停留在"知道和领会"的认知层面上。要避免此类现象发生，教师在日常的教学中应尽量促使学生进行深度学习。何为深度学习呢？深度学习是指在理解学习的基础上，学习者能够批判性地学习新的思想和事实，并将它们融入原有的认知结构，在众多思想间进行联系，并能够将已有的知识迁移到新的情境中，做出决策和解决问题的学习。

二、利用演示实验引领学生的深度学习

1. 新课引入——制造认知冲突激发学习兴趣

在"液体的表面张力"的新课引入时，可以利用一盆自来水、一把硬币来演示液体的表面张力（同时用投影仪将实验投影到屏幕上）。实验前提问学生：硬币放入水中会看到什么现象？学生根据生活经验会毫无疑义地认为：硬币沉入水中。教师将一枚硬币投入水中，硬币沉没，学生发出会心一笑。接下来，

教师分别将两枚硬币水平、轻轻地放在水面上，硬币漂浮在水面上（图1），有学生发出惊呼。然后，教师用嘴轻轻吹气，使两枚硬币逐渐靠拢，教师停止吹气，两枚硬币很快停下，教师继续吹气，当两枚硬币大约相距1cm时，停止吹气，两枚硬币没有停下来，而是自动靠拢，最后聚集在一起，学生都惊呆了！

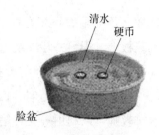

图 1　液体的表面张力实验

唤醒学生思维是深度学习的关键所在。新课通过演示实验引入，引起学生的认知冲突，形成悬念，营造活跃的课堂氛围，激发学生的好奇心，将学生引入学习情境，引发思考，激活其思维，调动其学习的主动性，驱动学生进行深度思考和探究。

2. 概念教学——将抽象知识形象化

在"生活中的向心力"教学中，汽车在水平的公路上转弯时靠车轮与路面间的静摩擦力来提供向心力。尽管课本表述如此清晰明了，但学生内心并不接受此结论，究其原因：学生根据前面的学习经验——在直线运动中摩擦力方向与速度方向在同一直线上，得到汽车转弯时摩擦力方向应该在运动轨迹的切线方向上，即汽车受到的摩擦力不可能提供汽车转弯所需的向心力。纠正这类错误观念困难很大，靠教师反复强调，效果并不理想。这时教师可以利用灌水的气球、可旋转的圆盘，将汽车转弯时静摩擦力的方向直观形象地展现在学生眼前：如图2所示，首先，把灌水的气球放在静止的圆盘上，让学生观察此时气球的形状，接着，让气球与圆盘一起做圆周运动。学生通过观察气球形状的变化，可以明显看到气球相对运动的趋势是背离

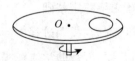

图 2　生活中的向心力实验

圆心向外，即气球受到的静摩擦力方向指向圆心，提供向心力，从而真正接受汽车转弯时，汽车受到的静摩擦力方向指向圆心，提供向心力。

对于学生难以理解、缺乏生活经验的知识，可以通过演示实验呈现出来，让学生眼见为实，这样不仅使抽象知识具体形象，还能让知识深入人心，最终达到将所学知识与情境建立联系，并实现知识迁移的目的。

3. 讲解例题——发挥实验功能，挖掘隐含条件

如图3所示，将一光滑轻杆固定在地面上，杆与地面间的夹角为θ，一光滑

轻环（不计重力）套在杆上。一个大小和质量都不计的滑轮用轻绳 OP 悬挂在天花板上，用另一轻绳绕过滑轮系在轻环上，现保持水平向右的力拉绳，当轻环静止不动时，OP 绳与天花板之间的夹角为多少？

不少学生在解题时，因为找不到轻环重新静止要满足的条件而无从下手。这时教师可以利用一支铅笔和一卷透明胶带来挖掘轻环重新静止要满足的条件：如图 4 所示，将透明胶带套在铅笔杆上，并拽出一段胶带，然后用力拉胶带，无论向左拉还是向右拉胶带圈，它都不能稳定下来，当垂直于笔杆拉胶带时，胶带圈就能稳定在一个位置不动。从这个小实验中，学生很快就领悟到：轻环重新静止时，轻绳与轻杆垂直。然后再让学生从理论上证明：对轻环，不计重力，环受到垂直于杆的弹力作用和绳的拉力作用处于静止状态，由平衡条件可知，绳的拉力垂直于杆，即轻环重新平衡时，轻绳与轻杆垂直。

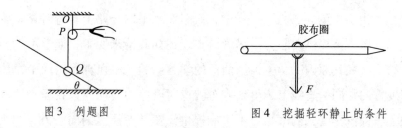

图 3　例题图　　　　　　　　　　图 4　挖掘轻环静止的条件

学生由演示实验获得直观体验，再辅以理论推导，对此隐含条件的理解更为透彻。当学生再遇到类似的题目时，能快速准确地找到题目的隐含条件，为正确求解奠定基础。

教师在授课过程中，恰当利用实验，既能提高学生的学习兴趣，增强实验意识，又能帮助学生在实验中深化对物理概念、规律的理解，还能启迪思路，能够将已有的知识迁移到新的情境中，达到举一反三、触类旁通的深入学习的效果。

参考文献：

[1] 安富海，陈玉莲．深度教学及其路经研究［J］．教育探索，2017（5）：6 – 10.

[2] 何玲，黎加厚．促进学生深度学习［J］．现代教学，2005（5）.

[3] 杨巨环，续佩军．浅谈利用物理实验进行释疑［J］．物理教师，2015（12）：54 – 56.

[4] 王高．让实验与解题发生共振［J］．物理教师，2015（12）：88 – 91.

基于深度学习的物理观念培养

广东省云浮市云安中学 唐祥云

高中物理学科核心素养主要包括物理观念、科学思维、科学探究、科学态度与责任四大素养。提升学生的物理观念有助于学生更好地学习物理知识，提升物理学习技能。在教学实践过程中，笔者结合深度学习理念改变教学策略，发现开展深度学习能很好地激活学生的思维，引领学生自主深度学习，主动分析与探究物理知识，在深度探究与解决问题的过程中逐渐形成良好的物理观念。

《普通高中物理课程标准（2017 年版）》中明确指出，物理观念是物理学科核心素养的重要组成部分，是从物理学角度形成对物质、运动及相互作用等的基本认识，是从物理学角度解决实际问题的重要基础。教学实践研究发现，物理观念是学习思维的产物，既是认知性的，也是体验性的，其形成和发展与问题解决有着密切联系。

深度学习研究由来已久，最早源于 Marton 和 Saljo 对学生阅读过程及方式的实验研究，随后 Biggs、Entwistle 和 Ramsden 等研究者在实践应用和实证研究中进一步发展和充实了深度学习的相关理论。Nelson Laird 等人通过对 Biggs、Entwistle 和 Ramsden 等学者开发的深度学习量表的理论分析和实证研究发现，深度学习可以解构为高阶学习、整合性学习、反思性学习三个相互关联的部分。深度学习是学习者根据自己的学习兴趣和需求，在理解的基础上主动、批判性地学习新思想和知识，运用多样化的学习策略来深度加工知识信息，建立多学科知识、多渠道信息、新旧知识信息等之间的联系，建构个人知识体系并有效迁移应用到真实情境中来解决复杂问题的学习。

通常，高中物理教学大致分为三个阶段：第一阶段是高一和高二的新课教授，教学深度定位为"略高于学生认知水平"，即能观察和完成各种实验，理解知识点，能主动地、批判性地学习。维果茨基提出的"最近发展区"理论揭示了教学、学习、发展之间的辩证关系。他认为，在进行教学活动之前，教师应该确定所教学生的现有发展水平和学习之后能达到的发展水平。可以用"最近发展区"这一形象的描述来说明这两种水平。"略高于学生认知水平"即学生的最近发展区。

第二阶段是章末总结，学生在这个时期，要有一定的解题技能和技巧，形成整章的网络知识结构，能运用多种学习策略做到一题多解、一法多用。

第三阶段是高三一轮复习，这个时期，要联系新旧知识训练学生无死角、全面地掌握各种难度题型，有效建构各种模型，并将这些模型运用到各种综合问题中去。物理观念的形成关键在于每个阶段的高阶学习。教师设计需基于课本，结合高考考纲要求的高阶学习任务，有效帮助学生形成物理观念。

例如，在教授粤教 2004 版选修 3 – 3 第二章第八节"气体实验定律（Ⅱ）"时，为实现物理观念核心素养的培养，可将本节新课、章末总结和高三一轮复习的教学要求做总体设计，见表1。

表1　"气体实验定律（Ⅱ）"物理观念培养表

阶段	物理观念培养要求
高二新授课	1. 知道什么是气体的等容变化过程；掌握查理定律的内容、数学表达式；理解 $p – T$ 图像的物理意义；知道查理定律的适用条件。 2. 知道什么是气体的等压变化过程；掌握盖吕·萨克定律的内容、数学表达式；理解 $V – T$ 图像的物理意义。
高二总结课	1. 会判断一定量理想气体变化类型，能用查理定律、盖吕·萨克定律解决单气体的状态变化及计算问题。 2. 能用 $V – T$ 图得出气体状态信息并计算单气体的状态。 3. 能结合受力分析，对常见的气缸活塞、玻璃管液封等综合问题运用等容、等压变化知识分析和计算。
高三一轮课	1. 能解决单气体、多气体、变质量三种难度下的等容、等压变化问题。 2. 熟练运用 $V – T$ 图分析气体各状态并运用技能解决相似的非常规图像问题。 3. 熟练运用气缸活塞模型、玻璃管液封模型讨论临界、最值等综合问题。 4. 能对习题进行总结、分类、归纳、判断，形成知识技能网络体系，对高考可能出现的变化做深度分析和预测。

设计每一阶段任务的时候，教师要给学生"搭梯子"，便于学生达到预期的发展区域。每一个教学阶段不同，对物理观念培养的要求也不一样。教师需要探索如何优化深度学习的每一个阶段任务，让学生更好、更快地形成物理观念。

参考文献：

［1］吴秀娟，张浩，倪厂清. 基于反思的深度学习：内涵与过程［J］. 电化教育研究，2014，(12)：23 – 28.

［2］Marton F, Saljo R. On qualitative differences in learning：I – Outcome and-process ［J］. British Journal of Educational Psychology, 1976 (46)：4 – 11.

［3］Nelson Laird, T. F, Shoup, R, Kuh, G. D. Measuring deep approaches tol-earning using the National Survey of Student Engagement ［C］. the An – nu-al Forum of the Association for Institutional Research，2006：1 – 21.

［4］沈永清. 谈综合实践活动的基本理念与学习方式［J］. 上海教育科研，2001 (8)：54 – 55.

力学中动态平衡问题的探讨

广东省云浮市郁南县蔡朝焜纪念中学　王国平

在物理学习中，经常遇到动态平衡问题。物理中的动态平衡问题是指通过控制某些物理量，使物体的状态发生缓慢变化，而在这个过程中物体处于一系列的平衡状态。在题目中通常含有"缓慢""逐渐"等字眼，是指物体速度极小，计算时可以认为速度为零，也就是说没有加速度。因此题目中出现"缓慢""逐渐"移动，无论直线运动还是曲线运动都可作为动态平衡问题处理。

共点力作用下的动态平衡问题，从图形上能直观地观察出某些力的方向发生了变化，隐含着相关的力的大小会随之改变，分析问题时要抓住题目中的不变量、相关量，再依据不变量、相关量来确定其他量的变化情况，分析时重点在于认真分析每一个力，看哪个力是恒定不变的（多数情况下重力是恒定不变的），哪个力方向发生了变化，是怎样变化的。解决动态平衡问题有如下常用方法。

一、力的三角形法则

当物体受三力作用而处于平衡状态时，其合力为零，三个力的矢量依次恰好首尾相连，构成闭合三角形，当物体所受三个力中两个发生变化而又维持平衡关系时，这个闭合三角形总是存在，只不过形状发生改变而已，比较这些不同形状的矢量三角形，各力的大小及变化就一目了然了。

例1　如图1所示，一个重力为 G 的匀质球放在光滑斜面上，斜面倾角为 α，在斜面上有一光滑的不计厚度的木板挡住了球，使之处于静止状态。今使板与斜面的夹角 β 缓慢增大，问：在此过程中，挡板和斜面对球的压力大小如何变化？

解析：取球为研究对象，球受重力 G、斜面支持力 F_1、挡板支持力 F_2 三个力。因为球始终处于平衡状态，故三个力的合力始终为零，三个力构成封闭的三角形。挡板逆时针转动时，F_2 的方向也逆时针转动，F_1 的方向不变，作出如图2所示的动态矢量三角形。由图可知，F_2 先减小后增大，F_1 随 β 增大而始终减小。

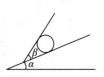

图1 例题图

点评：三角形法则适用于物体所受的三个力中，有一力的大小、方向均不变（通常为重力，也可以是其他力），另一个力的大小变化，第三个力则大小、方向均发生变化的问题，对变化过程进行定性的分析。

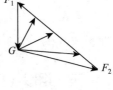

图2 动态矢量三角形

二、解析法

物体处于动态平衡状态时，对研究对象的任一状态进行受力分析，根据具体情况引入参量，建立平衡方程，求出应变参量与自变参量的一般函数关系，然后根据自变量的变化确定应变量的变化。

例2 不可伸长的轻细绳 AO 和 BO 的交点为 O，在 O 点悬吊电灯 L，其中 OA 绳处于水平状态，电灯 L 处于平衡状态，如图3所示。如果保持 O 点位置不变，改变 OA 的长度，使 A 点逐渐上移至 C 点，随着 A 点逐渐上移，细绳 AO 的拉力将（ ）。

A. 逐渐增大　　　　　　　　B. 逐渐减小

C. 先减小再增大　　　　　　D. 先增大再减小

解析：以交点 O 为研究对象，其受到的合力为零。如图4所示，G、F_1、F_2 三个矢量组成一封闭的三角形，由正弦定理可得 $\dfrac{F_1}{\sin\theta} = \dfrac{G}{\sin\alpha}$，解得 $F_1 = \dfrac{G}{\sin\alpha}$ $\sin\theta$，由于 θ 不变，α 变大，$\sin\alpha$ 在 α 增到 $90°$ 的过程中逐渐增大，之后再减小，故细绳 AO 的拉力 F_1 将先减小再增大。本题正确答案为C。

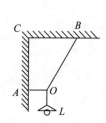

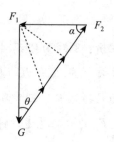

图 3　例 2 题图　　　　　　　图 4　交点 O 的受力分析

点评：三个矢量组成封闭三角形，联想到数学中的正弦定理列出表达式，即数理结合，不失为一种解题的好方法。

三、相似（全等）三角形法

受三个力作用而平衡的物体，先正确分析物体的受力，画出受力分析图，构建一个力三角形，再寻找与力的三角形相似的几何三角形，利用相似三角形的性质，建立比例关系，根据对应边成比例及几何三角形边长的变化分析力的变化。这样，可以把力的大小变化问题转化为几何三角形边长的大小变化问题进行讨论。

例 3　如图 5 所示，固定在水平面上的光滑半球，球心 O 的正上方固定一个小定滑轮，细绳一端拴一个小球，小球置于半球面上的 A 点，另一端绕过定滑轮。现缓慢拉绳使小球从 A 点滑向半球顶点，则此过程中，小球对半球的压力大小 F 及细绳的拉力 T 大小的变化情况是（　　）。

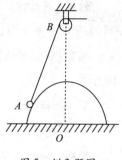

A. F 变大，T 变大

B. F 变小，T 变大

C. F 不变，T 变小

D. F 变大，T 变小

图 5　例 3 题图

解析：设 AB 间的绳子长为 l，小球时刻处于平衡状态，作出小球受力分析示意图，如图 6 所示，根据平衡条件，由矢量三角形和几何三角形相似，可得 $\dfrac{F}{R}=\dfrac{T}{l}=\dfrac{G}{R+h}$，$F=\dfrac{GR}{R+h}$，$T=\dfrac{Gl}{R+h}$，因为 G、R、h 不变，当 l 变小时，F 不变，T 变小，故可知选项 C 正确。

点评：此法适用于三力作用下的动态平衡问题，此类问题的基本特征是：有一个力的大小和方向不变，其余两个力的方向受条件的定性约束在变化。这种题型用相似（全等）三角形法解答有简单直观的优点，而用其他办法则很难求解。

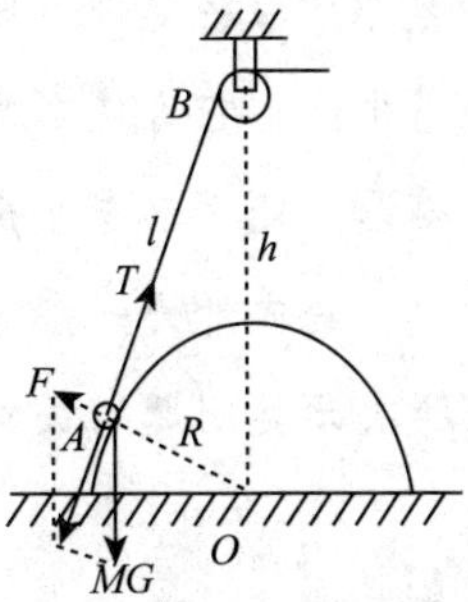

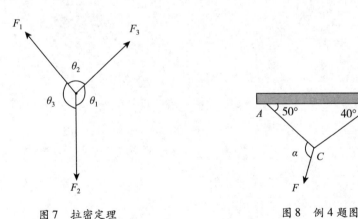

图6　小球受力分析示意图

四、拉密定理法

物体受三个共点力作用而处于平衡状态时，各力大小分别与另外两个力夹角的正弦值成正比，这种方法叫作拉密定理。如图7所示，其表达式为

$$\frac{F_1}{\sin\theta_1} = \frac{F_2}{\sin\theta_2} = \frac{F_3}{\sin\theta_3}$$

例4　如图8所示，一根均匀轻绳 AB 的两端系在天花板上，在绳子上一点 C 施加一拉力 F 并逐渐增大，为使 AC、BC 两段绳同时断裂，则拉力 F 与 AC 绳间的夹角 α 应为多少？

图7　拉密定理

图8　例4题图

解析：AB 是同一根均匀轻绳，AC、BC 两段绳能承受的最大拉力 T 相同。由于已知 $\triangle ABC$ 各角大小，因此可利用拉密定理来解题。以 C 点为研究对象，它受到拉力 F 及 AC、BC 绳对它的拉力。设当两绳同时被拉断时，AC、BC 绳中的拉力都为 T，则由拉密定理可得 $\dfrac{F}{\sin\angle ACB} = \dfrac{T}{\sin\alpha} = \dfrac{T}{\sin(360° - \alpha - \angle ACB)}$，其中 $\angle ACB = 180° - （40° + 50°）= 90°$，解得 $\alpha = 135°$。

点评：拉密定理在解决共点力作用下物体平衡问题中有广泛的应用，尤其是动态平衡，它可使解题过程大大简化。

结语：处于动态平衡的物体处于一系列的平衡状态中，此过程中外力在发生变化。变化外力一般是被动力（如微变弹力、静摩擦力等），但合力始终为零。解决此类问题的关键在于在变化中找到不变。

参考文献：

［1］王玉梅．图解法求高考动态平衡题［J］．中学物理·高中，2013（4）．

［2］王德立．力学中的动态平衡问题的探讨［J］．新高考·高一物理，2016（11）．

指向学科核心素养的高中物理深度教学策略

广东省云浮市邓发纪念中学 章常茂

关于课程目标，《普通高中物理课程标准（2017 年版 2020 年修订)》提出："高中物理课程应在义务教育的基础上，进一步促进学生物理学科核心素养的养成和发展。"从"双基"到"三维目标"，再到现在的核心素养，体现了教育理念的传承与进步。然而，教学实践中物理学科核心素养的目标如何落实呢？这需要一线高中物理教师不断地在教学实践中自觉探索。深度教学与学科核心素养培育内在高度一致，本文尝试从实践的角度提出指向学科核心素养的高中物理深度教学策略研究，供广大同人讨论交流。

一、深度学习

深度学习是当前教育研究领域的热门，教学论、教育技术学、学习科学等学科都参与深度学习的研究，但究竟什么是深度学习，可谓众说纷纭。以下是几种代表性观点（表1）。

表1 "深度学习"的几种定义

定义	提出者	提出时间（年）
深度学习是指在理解学习的基础上，学习者能够批判性地学习新的思想和事实，并将它们融入原有的认知结构，能够在众多思想间进行联系，并能够将已有的知识迁移到新的情境中，做出决策和解决问题的学习。	何玲、黎加厚	2005

191

定义	提出者	提出时间（年）
深度学习是一种基于理解的学习，是指学习者以高阶思维的发展和实际问题的解决为目标，以整合的知识为内容，积极主动地、批判性地学习新的知识和思想，并将它们融入原有的认知结构，且能将已有的知识迁移到新的情境中的一种学习。	安富海	2014
所谓深度学习，就是指在教师引领下，学生围绕具有挑战性的学习主题，全身心积极参与、体验成功、获得发展的有意义的学习过程。	郭华	2016
学习科学视域的深度学习是学习者遵循学习原理，在学校场域中对以重要概念为核心的知识进行理解性和创新性学习的有效学习过程。	孙智昌	2018

综合来看，深度学习既强调理解、联系和迁移（创新），也强调参与和体验。"理解与批判、联系与构建、迁移与应用"是深度学习的核心特征。简单来说，在教育领域，学生深度学习之深度主要表现为两点：一是情感高度投入，深度参与教与学的过程；二是思维深度参与，高阶思维获得发展。

二、深度教学

何谓深度教学？可以认为，凡能有效促进学生深度学习的教学都可称为深度教学。深度教学是落实学科核心素养的有效途径，深度教学与学科核心素养有着内在的统一性。将学生引向深度学习的深度教学必然是指向学科核心素养的教学。如果课堂上学生只停留在浅层学习，其结果必然是陷入机械学习，缺乏思维参与，机械记忆、机械模仿、机械训练，所学知识自然就难以迁移和应用，学科核心素养的发展就无从谈起。

三、指向学科核心素养的高中物理深度教学策略

高中物理教学的最大问题是过度关注"教什么"，而很少关注"怎么教"。

在深入研读深度学习理论的基础上，本文通过批判当前物理课堂教学中存在的浅层学习问题提出高中物理深度教学策略。

1. 情境化策略

德国一位学者有过这样一个比喻：将 15 克的盐放在你面前，无论如何你难以下咽，但将 15 克盐放入一碗美味可口的汤中，你就会在享用佳肴时，不知不觉地将 15 克盐全部吸收了。情境和知识正如汤和盐的关系，只有把盐加到汤里才是美味可口的。学生学习不仅要获取知识，更要形成能力、发展素养。知识或许可以灌输，但能力和素养的形成和发展却离不开学习情境。情境化的教学更能激发学生学习兴趣，激发学生的内部学习动机，使学生有高度投入的学习状态；情境化的教学可以让学生有更多机会运用和发展高阶思维。通过学生重演物理知识的发生过程，经历探究过程，形成物理观念，运用物理科学方法，发展科学思维，形成正确的科学态度、价值观，理解科学本质……开展深度教学，让学生在真实的情境中学习，参与、体验、活学活用，对培养学生的物理学科核心素养具有重要价值。

选取贴近学生、贴近生活、贴近时代的真实问题情境进行教学，是培养学生物理学科素养的重要途径。真实问题情境既能够激发学生学习的兴趣，又能够较好地训练学生从复杂的情境中抓住主要因素，抽象出物理模型并解决问题的能力和素养。情境创设，可以选取与大自然中物理相关的现象，如彩虹、日食等；也可以选取与生产生活紧密联系的物理问题，如与体育运动相关的情境（乒乓球、篮球、滑雪）等；还可以选取科技前沿的问题，如国家重大科技工程（载人航天与探月工程、大飞机、北斗导航系统）等。适用于中学物理教学的真实情境，不能太复杂，涉及的点不能太多太杂，可以是局部的、"纯化"了的情境。教师在设计情境时，应注重情境与教学内容的有机融合。

实验物理教学常常通过实验创设情境。物理学是一门以实验为基础的科学。在物理实验中，学生或对物理实验现象感到惊奇震撼，或为实验方法的精妙赞赏惊叹，或对实验结果充满好奇期待，或享受实验探究过程的乐趣，或体验得出实验结果的惊喜……教学实践表明，物理实验可以大大激发学生的好奇心，引起学生强烈的探究欲、求知欲，很好地激发学生的学习兴趣、学习动机。从物理演示实验到体验性实验再到创客实践活动，学生参与度逐步增强，教师在教学过程中可以根据实际情况选择适当的形式。不论哪种形式，重要的是引导学生思维的参与，让学生在活动中真切感受科学探究过程，体会通过科学描述和解释自然现象的乐趣。

另外，物理学史具有沟通科学与人文的桥梁作用，是培养和提高学生科学素养的重要途径，教学中可以利用物理学史创设情境。

2. 问题引导策略

指向核心素养的深度教学应该是基于问题的，教学过程就是发现问题、提出问题和解决问题的过程。教学过程中教师要基于真实情境通过问题引导学生在探究过程中建构模型、推理、论证，培养学生的质疑精神、创新能力。问题的作用主要有两点：一是依据学习目标诊断学习情况；二是引导知识建构。

所谓问题情境，是指具有一定难度的，需要学生努力克服，而又是学生力所能及的学习情境。简而言之，问题情境就是一种适度的疑难情境。能否成为问题情境，主要是看学习任务与学生已有知识经验的适合度。创设的问题情境要与学生的知识背景、个人需求和生活经验联系起来，因为与学生切身相关的事物更容易引发学生关注。结合学生实际，在学生的"最近发展区"创设难度适中的问题情境，能够有效地促进学生思维发展。创设问题情境应该贯穿整个教学过程的始终，而方式可以多样。

课堂要避免无效提问，做好问题设计是关键。教师首先要熟悉教材，掌握教材的结构，了解新旧知识之间的内在联系；其次要充分了解学生已有的认知结构，使新的学习内容与学生已有发展水平构成一个适当的跨度。问题设计一是要围绕教学目标；二是要有一定的挑战性；三是要有一定的开放性和探索性；四是要系统化和全面性。课堂提问要注意以下几点：第一，问题要围绕目标，系统化、系列化；第二，问题要适合学生；第三，问题要基于情境；第四，提问要把握时机。按认知水平分类问题可分为无认知问题、低认知问题、高认知问题，其中高认知问题体现对学生高阶思维的培养，物理深度教学要增加高认知问题的创设。例如，笔者在执教"超重和失重"一节内容时，课堂主要围绕4个问题展开：①什么是超重和失重现象（超重和失重现象的概念）？②什么情况下会出现超重和失重现象（超重和失重现象产生的条件）？③为什么会出现超重和失重现象（超重和失重现象的解释）？④什么是完全失重现象（完全失重现象的概念)？学生学习本节内容前常常带有"失重"就是"重力消失"或者"重力减小"的观念，笔者在课堂引入环节让学生称体重，引导学生思考：

秤的示数发生变化时，人的质量变了吗？人所受的重力变了吗？秤的示数变大变小，实际上是什么量在变化呢？学生通过对这一系列问题的分析思考回答，一步一步准确地理解了超重和失重的概念。

3. "做中学"策略

杜威的"做中学"理念在科学教育领域有重要的价值。蒙台梭利有句教育名言："我听过了，我就忘了；我看见了，我就记得了；我做过了，我就理解了。"让学生动手动脑，在活动中体验对物理学习具有特殊且重要的意义。物理教学实践表明，学生对体验性实验比单纯的教师演示实验印象更深刻、效果更好。体验性实验是指实验者在实验时尽可能动用视觉、触觉、听觉等多种感觉器官直接体会实验结果，从而得出实验结论的一类实验。在物理教学过程中，教师如果能够有意识地开发体验性实验，利用体验性实验创设问题情境，将能很好地激发学生学习的热情，开启学生思维，促进学生深度学习。

在"自感现象及其应用"一节课的引入中，笔者通过"千人震"实验（图1）让学生亲身体验到自感现象的威力，大大激发了学生的学习兴趣，有效调动了他们学习的积极性和主动性，一些学生下课后还饶有兴致地自己画电路分析，持续地去思考和追问。那些在课上课下被"电"过的学生印象特别深刻，经久不忘。

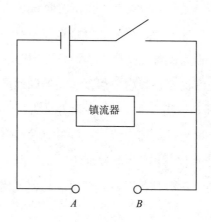

图1 "千人震"实验电路图

一位同事平时喜欢打太极拳，在一次讲"力的合成与分解"的课堂上，笔者以"揭秘太极拳中的力学原理"为题，融入"太极拳"，让全班学生2人一组进行"对练"，由此讲解力的合成与分解，效果很好。

近年来 STEAM 教育理念深入人心，创客活动正如火如荼地开展。创客活动当然需要"创"——创新、创造，不过在学习初期，让学生动手制作才是最重要的。学生在任务驱动下动手参与的过程中，情感投入度是一般的演示观察所不能比的。在我校"水火箭的制作与发射"项目式学习活动中，我们设计了如图 2 所示的活动流程。

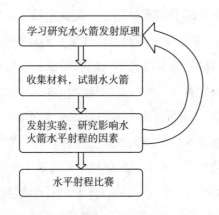

图 2　活动流程图

活动项目寓教于乐，深受高中学生喜爱，使高中学生通过活动了解航天科技、热爱航天科技。2017 年 11 月，当时的高二级物理备课组组织开展了"水火箭的制作与发射比赛"活动，学生参与热情空前高涨（这批学生在 2019 年高考中有不少选报了航空航天专业，最后经严格选拔，有一位学生被录取为空军飞行员，五名学生被录取为民航飞行员）。活动过程中引入竞赛机制，大大激发了学生参与活动的热情。比赛过程中曾遇到过这样的问题：有些学生网购了部分配件成品（如飞行翼、喷嘴等），而有些学生是买材料进行加工或自制。比赛时网购配件的更容易取得好成绩，因为比赛的方案没有考虑周全，使自制配件的学生一定程度上受到"打击"，不过也让大家认识了原创、创新的艰辛与不易，因此，高度原创者获得成功后的成就感也是无可比拟的。这样的体验是常规教学所没有的。

4. 深度互动策略

钟启泉认为，"'课堂互动'是调动参与课堂教学过程的各个主要因素，围绕教育教学目标的实现，形成彼此间良性的交互作用""这是一个整体性的动态生成的过程。在课堂的时空背景下，借助构成教学的各个要素之间的积极的交互作用而形成'学习集体'，并在'学习集体'的人际关系之中产生认知活动的竞技状态，这就是'互动'"。他指出，"当一个班级几十个学生围绕某课题展开学习活动之际，学生的集合就不是简单的 $1+1=2$ 的集合，而是 $1+1>2$ 的集合"。群体学习中的相互启发、合作探究、评价反馈等对学生学科核心素养的形成有重要价值，教学中教师要在教室里构建相互交往、彼此促进、共同成长的关系，充分发挥学习共同体的作用。

互动的前提是倾听，物理教师在教学中要有足够的耐心去倾听。交往可分为四种类型：只有一方讲话的单向交往、相互交谈的双向交往、被拒绝被阻挡的反向交往、思路各异的异向交往。四种交往类型都有其各自存在的必要性，耐心地倾听异向交往的话就能使教学中的交往丰富而深刻地展开。因为，无论什么样的学生的发言或行动都有他自身的逻辑世界。笔者印象深刻的是在一次高一物理课堂上讲解速度的习题后，学生小 Y 提问："子弹以 600m/s 的速度从枪口射出是瞬时速度还是平均速度呢？"笔者回答："子弹从枪口射出，枪口是一个位置，子弹通过它的速度当然是瞬时速度。"小 Y："枪口是一个位置，子弹有一定的长度，子弹通过枪口需要一段时间（她认为，此时子弹不能看成质点），所以子弹从枪口射出是平均速度。"……经过这样的互动交往，学生更深刻、更准确地理解了瞬时速度和平均速度。

互动其实也是一项技能，对学生进行适当的指导是必要的，比如准确地表达、相互尊重、学会倾听，更关键的是要让学生经历实际的学习互动过程，在过程中磨合、学习。新教材提供了不少具有一定开放性、难度适中的问题情境，适合学生交流讨论。教师可以在教学中加以利用，引导课堂深度的师生互动、生生互动。

5. 显性总结策略

物理教学中有许多东西如物理观念、科学方法、科学思维、科学本质等是隐藏在教学内容背后的，具有隐性特点。这些是学生短时间内难以自己领悟的，教学中教师有必要加以提炼与升华，适时点拨，指明要害和关键点。没有必要的显化，就谈不上深度教学。例如，相对于物理概念和规律教学，科学方法具有内隐性的特点，科学方法教育中通常有显性总结和隐性渗透两种方式。显性总结是指实施科学方法教育过程中，教师明确地提出相应的教学目标，对科学方法的名称和操作步骤作具体的解释和说明。由于教材一般都是按学科知识体系的逻辑组织编排的，在教学中，蕴含同一种科学方法的内容一般不集中在一起，教师适时通过提问等方式帮助学生回顾学过的实例，进行显性的总结，更有利于学生习得该科学方法。又如，守恒的观念是重要的物理观念之一，守恒观念的学习获得，要在学习过程中由教师引导，师生共同提炼、升华，并显性地总结后，才能在学生解释现象和解决实际问题时发挥作用。

6. 思维"可视化"策略

思维"可视化"是指运用一系列图示技术把本来不可视的思维（思考方法和思考路径）呈现出来，使其清晰可见的过程。被可视化的思维更有利于学生理解和记忆，因此可以有效提高信息加工及信息传递的效能，这对于提高学生的思维品质有重要价值。概念图、知识结构图、流程图和思维导图是物理教学中常用的可视化工具。例如，在物理教学中引入思维导图，可以帮助学生建立良好的知识结构、培养学生的发散性思维等。又如，在学习"电场"内容后，让学生自主梳理电场相关概念和规律，对于加深学生对电场概念的理解和彼此间的联系很有益处。再如，受力分析是高中物理的"基本功"，画出受力分析的流程图，可以帮助学生在学习初期更快掌握受力分析的基本流程，养成受力分析的良好习惯。

学生思维"可视化"的过程也是思维深度加工，进行联系、组织和整合的过程，有利于知识整体化、结构化，防止知识的片面化、孤立化，是将物理学科知识转化为物理学科核心素养的必然要求。

7. 个别辅导策略

游标卡尺和螺旋测微器的读数是高中物理基本的技能，但笔者在教学中发现，尽管教师在课堂上仔细地讲解说明，并针对易错点反复强调，但还是有部分学生会读错数。后来笔者改变教学策略，找来经常读错数的学生个别辅导，了解出错原因，有针对性地给予指导，使出错率大大降低，效果显著。

大班上课效率高，但其弊端也是明显的。对个体的关注不够，难以做到因材施教。物理课堂常见情形：甲听明白了，有收获；乙觉得很容易，感到无聊；丙听起来却很费力，不知所云。一个几十个人的班级，学生水平总是参差不齐的，教师难以兼顾。这样就只有少部分学生在课堂里有收获，得到了发展；而有相当一部分学生课堂收获甚少，浪费了时间；另一部分学生不能及时解决的疑问越积越多，于是，感觉物理很难，时间长了就失去了学习兴趣。个别辅导的优点是教学有针对性，能够实时反馈，做到精准施教。这正是深度教学所需要的。做好个别辅导，还可以深入研究学生的特点，认识了解所教的每一位学生，包括他的学习基础、个性特点、学习风格等，对于提高教学的针对性和有效性大有裨益。

8. 评价反馈策略

学习评价是有效教学的重要组成部分，好的评价体系不仅能评价学习效果，还能促进学生积极学习、深度学习。高中物理学习评价应基于物理学科核心素养，创设真实而有价值的问题情境，客观全面、主体多元、方法多样，找出问题、明确方向，及时有效地反馈，促进学生全面有个性的发展。

物理学习评价以促进学生物理学科核心素养的提升和学习能力的提高为目的，评价方式要多样。教师在教学设计过程中应同时考虑安排丰富多样的评价任务，选择适当的评价方式，确保评价全面、真实、有效，直至达到检查效果、诊断问题、明确方向、促进发展的目的。日常学习评价应与学生学习融为一体，成为日常教学的一部分。日常学习评价通常有四种方式：课堂问答、书面评语、自我评价和同伴评价、阶段性测试。

教、学、评围绕一个教学目标展开，要充分重视并做好过程性评价、持续性评价。学生的深度学习需要形成性评价，因为形成性评价能够提供回顾与改进学生思维和学习的机会。评价的关键是提供反馈和回溯的机会，从而让学生修正自己的思维。评价的内容必须和学生的学习目标一致。

四、结语

"学习科学中的深度学习的'深度'，集中在'理解'和'创新'层次上……理解是深度学习中'深度'的第一要义。"情境化、问题引导，"做中学"、深度互动、显性总结、思维"可视化"、个别辅导、评价反馈等深度教学策略多角度、多层面、全方位地促进学生理解、发展批判性思维，进而促使学生积极主动地参与知识建构、优化知识结构，并在新的情境中迁移与应用。深度学习过程既是物理观念形成、科学思维发展的过程，也是培养科学探究能力、科学态度与责任的过程。深度教学与学科核心素养培育是高度一致的。

教、学、评一致性是有效教学的前提。因此，教学设计与教学实施过程中的情境创设、问题设计、活动安排、评价反馈都要围绕一个明确的教学目标，遵循基本教学规律，如因材施教、循序渐进、及时反馈等，避免表面化、形式化的教学，开展深度教学，才能更有效地促进物理学科核心素养的形成。

参考文献：

[1] 中华人民共和国教育部 . 普通高中物理课程标准（2017 年版 2020 年修订）[M]. 北京：人民教育出版社，2020.

[2] 何玲，黎加厚 . 促进学生深度学习 [J]. 计算机教与学，2005（5）：29 – 30.

[3] 郭华 . 深度学习及其意义 [J]. 课程·教材·教法，2016（11）：27.

[4] 孙智昌 . 学习科学视域的深度学习 [J]. 课程·教材·教法，2018（1）：20.

[5] 程力，李勇 . 基于高考评价体系的物理科考试内容改革实施路径 [J]. 中国考试，2019（12）：43.

[6] 冯忠良，伍新春，姚梅林，等 . 教育心理学 [M]. 北京：人民教育出版社，2000.

[7] 巩显著 . 浅谈体验性实验在物理教学中的作用 [J]. 实验教学与仪器，2002（9）.

[8] 钟启泉 . "课堂互动"研究：意蕴与课题 [J]. 教育研究，2010（10）：74.

[9] 佐藤学 . 静悄悄的革命：课堂改变，学校就会改变 [M]. 李季湄，译 . 北京：教育科学出版社，2014.

[10] 中华人民共和国教育部 . 普通高中物理课程标准（2017 年版）[M]. 北京：人民教育出版社，2020.